südwest

Dr. med. Mohani Heitel

Die heilenden Klänge der Mantras

Inhalt

Eingraviert in Stein in tibetischer Schrift – eine dauerhafte Erinnerung an ein Mantra.

Durch die Mantra-Gesänge erschließen sich neue Welten – ferne, exotische Länder ebenso wie unerforschte innere Welten.

Mohani Heitel mit dem Instrument Tanpura, auf dem sie ihre Mantra-Gesänge begleitet.

Vorwort

Es war vor mehr als zehn Jahren, dass ich zum ersten Mal den »Ruf des Mantras« hörte. Beim Hessischen Rundfunk, wo ich im Kulturprogramm arbeite, war eine CD eingetroffen: *The Mantra Calls You.* Mohani Heitel sah mich vom Titelbild an, fast versteckt hinter ihrer Tanpura, diesem bauchigen, verzierten indischen Saiteninstrument. War es ihr Blick, der mich neugierig machte?

Ich legte die CD sofort in den Player. Mohanis Stimme klang aus dem Lautsprecher – und zog mich in ihren Bann. Als Musikwissenschaftler mit dem Fachgebiet Mittelalter kenne ich mich mit religiösen Gesängen recht gut aus, und indische Musik gehört zu meinen Schwerpunkten beim Radio. Aber Mohanis Mantras – das war etwas Eigentümliches. Ihre Stimme schien unmittelbar zu mir zu sprechen, und die instrumentale Begleitung schuf einen Raum wie ein friedvolles Sternenzelt.

Damals betreute ich die wöchentliche Sendung »Meditative Musik«, und bald bekamen auch deren Hörer Gelegenheit, Mohanis Gesänge kennen zu lernen. An positive Reaktionen war ich zwar gewöhnt, doch diesmal gab es weit mehr Nachfragen als üblich. Die Menschen berichteten von ihren persönlichen Empfindungen beim Hören und waren an mehr interessiert: Wo bekomme ich die CD? Wann kann ich Mohani im Konzert erleben?

Mohani Heitel ist Ärztin, Psychotherapeutin und Musikerin. Mit ihren Mantra-Gesängen schlägt sie eine Brücke zwischen Ost und West und berührt Menschen auf der ganzen Welt.

Brückenbauerin über Kontinente und Jahrhunderte

Im Konzert erlebte ich Mohani wenig später auch selbst. Aus dieser ersten Begegnung entwickelten sich ein herzlicher Kontakt und eine Freundschaft. Ich begann zu verstehen, welch vielfache Brückenbauerin Mohani ist. Sie verbindet medizinisches und psychologisches Wissen zweier Kontinente. Sie ist Ärztin, Psychotherapeutin und Musikerin. Ihre Musik wurzelt tief in der indischen Tradition, wirkt aber nie fremd, weil sich Mohani auch der westlichen Tonwelt geöffnet hat. Damit entsteht sogar eine Brücke über die Jahrhunderte, denn in der westlichen Musik kannte man ebenfalls die Kraft der Mantras – man nannte sie nur nicht so.

Ganz abgesehen von den tiefen Wirkungen ihrer Musik hat mich immer wieder beeindruckt, wie Mohani es schafft, ihre langen Stücke in einem einzigen Zug zu singen und sich dabei selbst zu begleiten. Die Mantras – wie die Tausend Namen Vishnus – dauern oft mehr als eine Stunde, und sie hält die Spannung, ohne ein einziges Mal »auszusteigen«. Schon daran lässt sich ermessen, zu welcher meditativen Konzentration das Singen von Mantras führt und welche spirituelle Kraft Mohani dabei entwickelt. Diese Kraft der Ruhe überträgt sich. Ich habe persönliche Erfahrungen mit Mohanis Gesängen gemacht, in Phasen großer Arbeitsbelastung, bei schwierigen Entscheidungen und einmal sogar, als das Leben eines jungen Mädchens im Operationssaal auf Messers Schneide stand. Auch die Radiohörer spüren das Ungewöhnliche dieser Kraft. Immer wieder habe ich Mohanis Neuerscheinungen in der »Meditativen Musik« vorgestellt, und jedes Mal übertrafen die Echos das Gewohnte bei weitem. Studenten berichteten von positiven Wirkungen beim Examensstress, Hausfrauen von tiefer Ruhe im täglichen Chaos und Künstler von Inspiration beim Malen. In der Rundfunkabteilung wurde Mohani Heitel sprichwörtlich: Sie war die »meditative Nummer eins«.

»Mohani« bedeutet Anziehung oder Attraktion. *Nomen est omen* – das kann ich in ihrem Fall voll und ganz bestätigen. Um so mehr freue ich mich, dass mit diesem Buch eine noch größere Anzahl von Menschen Gelegenheit haben wird, Mohani Heitel kennen zu lernen und sich vom Mantra rufen zu lassen.

Dr. Robert Lug, im Mai 2007

Die Silbe »Om« ist in der östlichen Kultur allgegenwärtig – wie beispielsweise hier als Lampe mit eingearbeitetem »Om«-Symbol.

Liebe Leser,

Mantras sind mir seit meiner Kindheit vertraut. Sie haben mich durch die verschiedenen Phasen meines Lebens begleitet – erst in Indien, später dann in Deutschland. Ihre ganzheitlichen Heilwirkungen nutze ich seit vielen Jahren nicht nur für mich selbst, sondern auch als Ärztin für meine Patienten. Für mich persönlich habe ich besonders im Mantra-Singen einen idealen Weg gefunden, meine Spiritualität zu leben; seit langem gebe ich auch Konzerte in verschiedenen Städten Europas.

Immer wieder wurde ich in diesem Zusammenhang gefragt, ob ich etwas über Mantras geschrieben hätte. Bisher musste ich das verneinen. Mit diesem Buch möchte Ihnen nun meine persönlichen Erfahrungen mit Mantras berichten und Ihnen zugleich eine Anleitung für die Mantra-Anwendung geben.

Ich denke heute, dass ohne die Entwicklung meiner Mantra-Gesänge – trotz allem, was ich tat und erlebte – etwas Wesentliches in meinem Leben gefehlt hätte, das ich durch nichts anderes hätte ersetzen können.

Mantras können uns im Leben eine große Hilfe sein. Sie erfahren hier, was Mantras sind, welche Arten es gibt, auf welchem kulturellen Boden diese Tradition entstanden ist und was Sie als Einzelner mithilfe von Mantras entsprechend Ihren inneren Bedürfnissen bewirken können. Mantras bieten seelischen Halt, sind hilfreich bei der Bewältigung von Krankheit und Krise; sie helfen, sich gesund zu halten, sich von negativen Gefühlen und Ängsten zu befreien, Kränkungen zu überwinden, das Selbstvertrauen zu stärken und Schmerzen zu lindern. Auch die intuitiven Fähigkeiten werden durch die Arbeit mit Mantras gefördert.

In vielen Kulturen werden noch heute Heilverfahren genutzt, die jenseits der wissenschaftlich orientierten Schulmedizin liegen. Viele dieser Heilansätze – aus der indischen Kultur insbesondere ayurvedische Behandlungsmethoden und Yoga-Übungen, zu denen auch die Mantra-Anwendung zählt – werden seit Jahrhunderten praktiziert. Meist haben sie religiös-philosophische Hintergründe und ein Grundverständnis von Krankheit und Heilung, das sich von den modernen westlichen Ansichten unterscheidet. Diese Ansätze berücksichtigen neben körperlichen Aspekten stets auch die seelisch-geistige Seite einer Krankheit und ihrer Entstehung. Oft werden dabei Heilsprüche, wohltuende Klänge und Gesänge verwendet, die auf subtile Weise die Selbstheilungskräfte des Menschen anregen sollen. Heute werden diese alternativen Heilmethoden von vielen Menschen in der westlichen Welt, auch von Therapeuten, geschätzt und angewendet.

Mantras sind Silben oder Worte mit besonderen Klangeigenschaften, deren Schwingungen heilsame Frequenzen enthalten. Ihre Heilwirkung beruht auf dieser Schwingungsenergie, die sich auf Körper, Geist und Seele entspannend und harmonisierend auswirkt. Zugleich sind Mantras an die schöpferische Urkraft gerichtete Gebete. Sie erfassen somit auch die spirituelle Dimension des Lebens und sprechen unser Herz und unsere Seele an. Mantra-Yoga wurde bereits in den alten indischen Schriften immer wieder als natürliches Hilfsmittel zur Verfeinerung unserer Sinne und zur Öffnung unseres Bewusstseins beschrieben.

Von der Wirkung der Mantras kann jeder profitieren. Dank ihrer entspannenden Eigenschaften sind sie aber besonders Menschen in stressreichen Lebenssituationen und auch schwangeren Frauen zu empfehlen. Ein Schwerpunkt der Mantra-Anwendung liegt allerdings darin, Gesundheitsstörungen körperlicher wie seelischer Art zu beseitigen und zu lindern. Sie haben sich insbesondere bei folgenden Beschwerden als hilfreich erwiesen:

- Schlafstörungen und Albträume
- Depressive Verstimmungen
- Angststörungen
- Sucht und Entzug
- Atemstörungen
- Störungen von Selbstwert und Urvertrauen
- Konzentrationsmangel
- Vegetative Dysregulation, Stress und Verspannung

Mantra-Anwendungen sind hervorragend geeignet, auf unkomplizierte Weise einen Zugang zur eigenen Spiritualität zu finden, das Bewusstsein zu schulen und ein harmonisches Verhältnis zu sich selbst, seinen Mitmenschen und seiner Umwelt zu finden. Die Heilwirkungen der Mantras sind als Ergänzung der medizinischen Behandlung, als Vorbeugung und zur Unterstützung der Genesung zu verstehen. Die ärztliche Therapie ersetzen sie jedoch nicht!

Damit Sie Hörerfahrungen mit Mantras machen können, ist diesem Buch eine CD beigefügt. Sie können diese zum Mitsingen nutzen oder sie einfach als Hörentspannung anwenden. Wenn Sie die Mantra-Gesänge anhören, tun Sie dies bitte mit ungeteilter Aufmerksamkeit.

Ich hoffe, dass dieses Buch Ihnen hilft, Zugang zu Mantras zu finden und dass diese Ihnen Freude und Kraft schenken und Ihr Leben bereichern.

Dr. med. Mohani Heitel

Mantras haben, besonders in ihrer gesanglichen Anwendung viele Facetten. Sie sind künstlerischer Ausdruck und Gebet, sie sind ein spiritueller Weg, zugleich haben sie Heilwirkung und können die seelische Entwicklung anstoßen. Mantras dienen auch als Meditationshilfe; sie schenken Ruhe und Selbstbesinnung im Alltag.

Leben mit Mantras

Kindheit in einem indischen Bergdorf

Mantra-Gesänge haben mich begleitet, seit ich denken kann. Schon als Kind hörte ich in dem nordindischen Bergdorf, in dem ich aufwuchs, meinen Vater täglich seine Mantra-Gebete singen. Die Menschen, die in dieser abgelegenen Region lebten – zum Teil noch Naturvölker – fühlten sich mit der beseelten und von Göttern belebten Natur eng verbunden und waren auf sie angewiesen. Krankheit wurde als Disharmonie mit der Natur und den in ihr waltenden übernatürlichen Kräften gesehen.
Um ihre Krankheiten zu heilen, Schmerzen zu lindern und Wunden zu versorgen, bedienten sie sich überlieferter Kenntnisse über so gut wie alles, was die Natur hergab: Pflanzensäfte, Kräuter, Wurzeln, Baumrinden und Samen. Für ernsthaftere Probleme psychischer und körperlicher Art gab es die Bergschamanen.

Alles in der Natur hat einen Namen (Nam) und eine Gestalt (Rupa). Nam hat die Funktion, die latente Kraft jeden Wesens wach- und herbeizurufen und mit deren Energiefluss geistig in Verbindung zu treten. Dabei spielt die Anwendung von Mantras eine zentrale Rolle. Wenn Heilpflanzen gesucht und geerntet wurden oder ein Medikament zubereitet oder eingenommen wurde, durfte ein Mantra nicht fehlen.

Erste Erfahrungen mit den Heilwirkungen der Mantras

Mein Vater hatte in unserem Dorf die Rolle eines Heilers übernommen, der den Bewohnern mit Rat und Tat half. Er hatte Kenntnisse der Volksmedizin und kannte sich mit Mantra-Anwendungen aus. Er sang bei der Arbeit und bei allem, was er tat, Mantras und rief auf diese Weise bestimmte Gottheiten an. Auch zur Heilung benutzte er Mantras. Er glaubte, dass man mit ihrer Hilfe die Krankheit aus dem Leib vertreiben könne. Oder er weihte Quellwasser mit Mantras und gab den Kranken diesen Trunk als Medizin. Sehr oft hatte er damit Erfolg. Ich verfolgte diese Handlungen immer aufmerksam. Als mein Vater merkte, dass ich Zugang zur spirituellen Welt hatte, gab er mir ein Mantra und weihte mich in die Besonderheiten und Wirkungsweisen der Mantras ein. Er erklärte mir alles, was damit zusammenhängt. So begann ich selbst, Mantras zur Verehrung der Götter zu singen.
Einmal begleitete ich meinen Vater, als er für einen Kranken, der Bauchschmerzen hatte, ein Mantra sprach und ihm dabei mit der rechten Hand dreimal über den Bauch strich, was dessen Schmerzen deutlich linderte. Ich bat ihn, mir dieses Mantra zu verraten, und versprach, es geheim zu

halten und nur im Notfall zu gebrauchen. Daraufhin gab er mir einige geheime Heil-Mantras. Der Glaube an deren Wirksamkeit war so fest in mir verankert, dass ich sie selbst bei Kranken anwendete. Bald durfte ich, wenn er nicht zu Hause war, stellvertretend für ihn die täglichen mantrischen Gebete verrichten. Das tat ich sehr gerne, es erfüllte mich mit Stolz.

Begegnung mit einer Heiligen

Mein Vater hatte auch eine Pflanze, Tulsi, eine wilde Basilikumart, die Krishna besonders gemocht haben soll. Tulsi wird sowohl als Heilpflanze als auch als heilige Pflanze betrachtet: Was heilt, ist heilig. Diese Pflanze wird verehrt, mit Mantras verleiht man ihr zusätzliche Heilkräfte. Ihre Blätter sollen den heilen, der ihre heiligen Kräfte erweckt, sie schätzt und verwendet. Ich hatte die Aufgabe, sie täglich mit einer Butterlampe zu umkreisen und dabei Mantra-Gebete zu singen. Für mich war das von großer Bedeutung, und es forderte ein gewisses Maß an Disziplin.

Regelmäßig bei Anbruch der Dunkelheit übte ich eine Zeremonie für die Tulsi-Pflanze aus. Dabei entwickelte ich eine richtige Beziehung zu ihr. Ich glaubte, dass sie mein Gebet geduldig anhörte.

Eines Tages lauschte ich einer Kuhhirtin, die auf einem entfernten Berghang ein Mantra sang. Ihr Gesang hallte zu uns herüber und ergriff mich so, dass ich sie unbedingt kennen lernen wollte. Sie musste etwas von einer anderen Realität wissen, sonst hätte sie nicht so innig singen können. Weil es so weit entfernt war, begleitete mich mein Vater später zu der Sängerin dieses freudigen und unbekannten Gesangs. Die Begegnung war für mich sehr wichtig, ich hatte großen Respekt vor dieser geheimnisvollen Frau. Sie freute sich über unseren Besuch und begann, frisches Gemüse aus ihrem Garten zu kochen. Beim Essen verriet sie mir, dass sie Gott oft als inneres Licht wahrnehme und dass sie alle Bindungen zur Welt abgelegt habe. Das Singen dieser Lieder zur Verehrung Gottes sei ihr Weg, das Gemüt zu reinigen. Dieser Abend war mir unvergesslich. Ich glaubte fest, einer liebevollen Heiligen begegnet zu sein.

Heilerin mit Wasser und Wort

Ich war die Einzige von meinen Geschwistern, die studieren durfte. Ich machte einen »Master of Science« in organischer Chemie und begann, im Bergdistrikt Pauri Gharwal zu unterrichten. Abends saß ich oft mit Freunden zusammen und sang die Lieder, die ich damals komponiert und

geschrieben hatte. Im Laufe der Zeit kamen immer mehr Menschen herbei, um diese Lieder zu hören. Und immer häufiger suchten mich vor allem Frauen auf, die geheilt werden wollten. Sie glaubten, dass meine Gesänge heilende Kraft hätten und dass ich Ihnen helfen könne.
Also wendete ich das an, was ich bei meinem Vater gelernt hatte. Da ich oft keine Zeit fand, Kräuter zu sammeln, nahm ich stattdessen ein Glas frisches Quellwasser zu Hilfe. Das Wasserglas in der Hand, sang ich ein Mantra. Auf diese Weise erhielt das Wasser die Schwingung des Mantras und wurde zu einem Heilwasser. Dieses gab ich den Hilfesuchenden zu trinken. Wir alle glaubten an seine heilende Kraft. Das sprach sich herum, und man begann, mich Heilerin mit Wasser und Wort zu nennen. In dieser Zeit wurde mir bewusst, dass ich lieber Medizin hätte studieren sollen.

So begleiteten mich die heiligen Gesänge von klein an. Meine spirituelle Sehnsucht wurde dabei immer größer. Als junge Frau hatte ich bereits mehr als hundert spirituelle Lieder (Bhajans) komponiert, die in einem Buch veröffentlicht wurden. Dadurch wurde ich etwas bekannter und erhielt viele Einladungen, Vorträge über Mantra-Yoga und den Weg geistiger Hingabe im Gesang zu halten.

Zum Medizinstudium nach Europa

Anfang der 1970er Jahre wurde ich nach England eingeladen. Von dort aus hielt ich Vorträge in vielen Städten Europas, so auch in Deutschland, wo ich schließlich blieb, um Medizin zu studieren. Ich war glücklich und dankbar, als ich im Studium den Körper, dieses Wunderwerk der Schöpfung, kennen lernte. Die vielen aufeinander abgestimmten Prozesse des Organismus und seine Anatomie brachten mich immer wieder zum Staunen. Es war, als öffnete sich mir ein neues Universum. Während dieser Zeit starb mein Vater, was mich sehr traurig machte, denn ihm verdanke ich meine Spiritualität. Sein Mantra zur Heilung von Bauchschmerzen habe ich noch gelegentlich bei meiner Mutter angewendet, wenn sie Beschwerden hatte und andere medizinische Hilfen nicht in Anspruch nehmen wollte. Sie glaubte, dass Mantras ihr genauso gut helfen könnten. Oft denke ich daran, wie sehr sich mein Vater über meine heutigen Mantra-Gesänge gefreut, sie geschätzt und genossen hätte.

Wie ich eigene Mantras empfing

Während meiner Tätigkeit als Ärztin wurde mir immer bewusster, dass man im Alltag unbedingt zu innerer Ruhe und Selbstbesinnung finden muss – insbesondere, um im helfenden Beruf nicht selbst zum hilflosen Helfer zu werden. Diese Gefahr ist groß; denn wer anderen hilft, wird für

Auch die Natur ist eine unerschöpfliche Quelle der Kraft. Beim Anblick ihrer vollkommenen Schönheit gelangen wir ganz zu uns selbst.

Auf der Suche nach einer Quelle der Kraft probierte ich einiges aus, besann mich aber bald auf die Mantra-Lehre zurück. Die mechanische Wiederholung der Mantras allerdings, wie sie in Indien bei vielen festlichen Zeremonien üblich ist, betrachtete ich eher kritisch.

seine eigenen Bedürfnisse schnell unempfindlich. Burnout ist in diesen Berufen keine Seltenheit. So suchte ich nach einer Quelle, aus der ich seelische Kraft schöpfen könnte.

Ich begann, mir aus der Tradition bekannte Mantras immer wieder so zu singen, bis sie eine Form annahmen, mit der sich ihre Kraft und Schwingung auf das Gemüt übertrug. Ich sang langsam und wiederholte das Mantra immer wieder. Zwischen den einzelnen Sätzen machte ich Pausen, um die Kontemplation zu vertiefen. Auf diese Weise wechseln sich Mantra-Gesang und Stille ab. Dieser Stil erwies sich für mich im Laufe der Zeit als eine wirkungsvolle Art des Mantra-Singens und wurde auch zur Basis weiterer Gesänge. So gelang es mir, meine Gedanken zu sammeln, und eine beruhigende und entspannende Wirkung zu erleben.

Zudem hatte ich ein großes Bedürfnis danach, in der Natur zu sein. Ihre Schönheit inspirierte mich dazu, die Mantra-Gebete so zu singen, dass sich ihre Kraft und die darin enthaltene Stimmung auf mich übertrugen. Ich dachte nur an den Inhalt der Mantras und besann mich dabei auf mich selbst. Das gab mir innere Kraft und Selbstvertrauen. Es war, als ob ich zu Gesang gewordene Meditation hörte.

Später nahm ich diese Gesänge auf, um ihre Art und Melodie festzuhalten und sie im Alltag wieder zur Erlangung der Ruhe zu gebrauchen. Zusätzlich begleitete ich sie mit dem Saiteninstrument Tanpura. Mal sang ich, mal hörte ich die Aufnahmen zur Meditation an. So bereicherten Mantra-Gesänge meinen Alltag.

Klänge aus einer anderen Welt – ein göttliches Geschenk

Wenn ein neuer Gesang in mir entstand, nahm ich ihn auf, um ihn mir immer wieder vergegenwärtigen zu können. Sobald ich ihn später anhörte, war es, als käme er aus einer anderen Welt. Er holte mich sofort aus dem hektischen Alltag heraus und geleitete mich in einen meditativen Zustand. Das kontemplative Anhören wurde für mich zur Grundlage der Meditation. Meistens konnte ich den Tag damit abschließen und während dieser Selbstbesinnung einschlafen.

Es waren große, bereichernde Momente in meinem Leben, wenn ein neues Mantra geboren wurde und Gestalt annahm. Oft kamen die Worte zusammen mit einer Melodie. Als ob es sie im Kosmos bereits fertig gegeben hätte – nur dass meine Seele sie zum ersten Mal hörte und meine Kehle sie zum ersten Mal sang. Diesem Ereignis ging jedes Mal eine besondere Freude und Bewunderung voraus. Die Seele muss frei sein von weltlichen Sorgen, Plänen und Verhaftungen, die das Gemüt besetzt halten: Erst dann kann die Seele das Mantra singen. Ich war erfüllt von Dankbarkeit, wenn ein neues Mantra durch mich erklang, bereichert von diesen Sätzen, die nur so und nicht anders hätten lauten können. Die Poesie der Mantras erschafft sich selbst und ebenso ihre Melodie, die die Seele erfüllt.

Spirituelle Lieder der Hingabe hatte ich ja schon geschrieben. Aber Mantras kann man nicht komponieren, es gibt sie schon, bevor sie sich manifestieren. Sie sind ein göttliches Geschenk. Allein dafür, dass ich derartige Momente der Freude und Glückseligkeit erleben durfte, hat sich das Leben gelohnt! Oft musste ich viele Jahre warten, bis ich ein weiteres Mantra empfing.

Halt in der Krise – denn auch Ärzte werden krank

Als ich vor einigen Jahren schwer erkrankt war, erwiesen sich die Mantras als wichtige Stütze für mich. Ich hatte große Schmerzen, konnte nicht mehr laufen und war ans Bett gefesselt. Die ärztliche Hilfe erschöpfte sich darin, dass ich Medikamente bekam. Glücklicherweise konnte ich zu Hause bleiben, da meine Schwester Krankenschwester ist. Wenn sie mir Infusionen gab, hörte ich dabei Mantra-Gesänge und wiederholte innerlich das Mantra, dem ich gerade lauschte. So fand ich Ruhe und konnte bedrohliche Gedanken loslassen. In dieser schweren Zeit erfuhr ich als Ärztin am eigenen Leib, wie belastend nicht nur die Krankheit selbst, sondern auch die damit verbundenen Ängste und Unsicherheiten sind. Und wie einsam Krankheit machen kann. Wenn sie andauert, gewöhnen sich Mitmenschen und Familie daran – der Patient aber nicht. Er erlebt seine Krankheit täglich neu. Die Mantra-Gesänge gaben mir in dieser gesundheitlichen Krise seelischen Halt und halfen mir, nicht zu verzweifeln.

Was sind Mantras?

Am Anfang war der Klang

Nach der indischen Kosmologie ist die Schöpfung aus einem Urklang, dem so genannten Nada Brahma, entstanden. Die Urenergie kam in Bewegung und manifestierte sich in unendlichen Klangformen. Diese Schwingungen finden sich nun in allem, was ist. Demnach hat jede Gottheit, jedes Lebewesen, sogar jede Materie auch in ihrer noch so subtilen Form eine eigene Klangschwingung, aus der sie entstanden ist.
Auch in der konkreten Welt hat jedes Geschöpf, jedes Ding seine eigenen Laute. Sie sind spezifisch und unverwechselbar, wie beispielsweise die Stimme eines Menschen. Der biblische Satz: »Am Anfang war das Wort, das Wort war mit Gott, in ihm war das Licht und das Licht das Leben des Menschen« deutet auf ein ähnliches Geheimnis hin.

Alles ist Klang

Alle Elemente klingen, selbst Holz, Metall oder Stein unterscheiden sich u. a. in ihrem Klang – dies ist physikalisch bis in den Molekularbereich nachvollziehbar. Klang setzt sich aus feinen Schwingungen zusammen, je nach Beschaffenheit der Materie. Den ältesten indischen Schriften, den Veden, zufolge besteht nicht nur die äußere, sondern auch unsere persönliche, unsere innere Welt aus diesen Schwingungen, dem kosmischen Urklang. Allerdings nehmen wir diesen Urklang im Alltag normalerweise nicht wahr.
Mithilfe von Mantras können wir aber mit diesen Schwingungen in Berührung kommen und ihre Resonanz erfahren. Denn ein Mantra verkörpert den Klang, der mit dieser göttlichen Schwingung in Resonanz steht. Nur weil auch wir diesen Schöpfungsklang in uns tragen, kann er in uns anklingen und in unserer Seele widerhallen. Allerdings müssen dafür unser Geist und unsere Seele frei sein von materiellen oder weltlichen Verhaftungen in den Gedanken. Das ist und war seit alten Zeiten das Ziel der Yogis und der Weisen: Sie suchten die innere Stille, um dem göttlichen Klang lauschen zu können und um so eine Verbindung zur höheren Instanz aufzunehmen.

»Schläft ein Lied in allen Dingen
Die da träumen fort und fort
Und die Welt hebt an zu singen
Triffst du nur das Zauberwort.«
Joseph v. Eichendorff

Resonanz

Resonanz beruht auf Schwingung. Jeder Ton erzeugt Schwingungen, die ihrerseits wieder gleichartige Schwingungen oder Wellen im Raum hervorrufen. Auch ein Gegenstand kann einen Widerhall bei einem anderen Gegenstand auslösen, der die gleiche Schwingung hat. Wenn man auf einem Musikinstrument, etwa dem Cello oder der Tanpura, spielt, bringt die Schwingung der Saite dessen Resonanzkörper in Schwingung. Dadurch wird der Ton hörbar. Die Resonanzwirkung eines Mantras umfasst aber nicht nur unseren Körper; Gemüt und Seele werden ebenfalls in Schwingung versetzt. Intoniert man das höchste Mantra in einer meditativen Haltung, kann es in unserem Bewusstsein den göttlichen Klang zum Klingen bringen und in unserem Herzen die göttliche Kraft erkennen und erwecken. Bis man dahin gelangt, bedarf es allerdings längerer Übung.

Aufgrund dieser Resonanzgesetze ist es sehr wichtig, die überlieferten Sanskrit-Mantras nicht zu übersetzen. Da sie auf Klang basieren, verlieren sie sonst ihre Wirkung. Durch die Sanskrit-Intonation wird der Sinn verstärkt und der Inhalt nicht nur mit dem äußeren, sondern auch mit dem inneren Ohr wahrgenommen.

Früher wurden Gebete in ihrer ursprünglichen Sprache mit der entsprechenden geistigen Haltung intoniert. Im Laufe der Jahre haben viele Gebete ihre Attraktion für die Menschen verloren, weil sie in Alltagssprachen übersetzt und somit auf ihre äußere Bedeutung reduziert wurden.

Herkunft und Beginn der Mantra-Tradition

Die Mantra-Tradition stammt aus dem Indien der alten vedischen Zeiten. Sie hat sich über Jahrhunderte hinweg entwickelt und fortgesetzt. Erleuchtete Weise oder Seher (»Rishis«) widmeten ihr Leben der Selbstfindung und der Erkenntnis des Lebensgeheimnisses. Sie empfingen bei ihren spirituellen Übungen intuitiv göttliche Weisheiten und erlebten den Klang der Schöpfung. Diese Erfahrungen drückten sie in Mantras aus. Diese Mantras nutzten sie zu weiteren Übungen in geistiger Disziplin und um ihre Gedanken zu sammeln. So kamen die Weisen zu Erkenntnissen, die sie in der verdichteten Form von Mantras wiedergaben. Mantras waren somit die innere Erfahrung höherer Sphären und zugleich auch der Weg dorthin. Sie übertragen geistige Energie in Form von Lauten.

Wort und Klang

Jeder Buchstabe und jede Silbe hat einen eigenen Klang und eine eigene Resonanz. Besonders deutlich wird das, wenn man sie als Worte intoniert oder singt. Neben den Wörtern, die wir alltäglich verwenden, gibt es solche mit einem besonderen Klang, einer besonderen Resonanz, und einer metaphysischen Bedeutung. Im Sanskrit werden sie als Mantras bezeichnet – Worte, die dem Menschen helfen können, seinen Geist zu sammeln. Ein Mantra ist eine verdichtete Weisheit. Seine Formulierung ist nur in diesem speziellen Wortlaut und in dieser bestimmten Wortfolge und nicht anders möglich. Ein Mantra kann aus einer besonderen Silbe oder aus so genannten Keimsilben bestehen; es kann auch der Name einer Gottheit sein. Es kann eine kurz gefasste Hymne, eine Lobpreisung, eine Bitte oder eine mystische Lehre beschreiben. Mantras können auch eine spirituelle Formel, eine Lebensweisheit und den Leitsatz einer Philosophie ausdrücken. Entscheidend ist die besondere Klangwirkung, die ein Mantra neben seiner Aussage besitzt.
Ein Mantra ist der seelische Gefühlsausdruck einer intensiv erlebten inneren Wahrheit. Gesprochen oder gesungen bringt es seine Umgebung zum Vibrieren. Aufgrund der natürlichen Resonanzgesetze verstärkt sich diese zarte Vibration und hallt in uns wider. Ein subtiler Energiestrom kommt in Fluss und stellt eine Verbindung zwischen unserer inneren und der äußeren Welt her.

Das Sanskrit-Wort »Mantra« setzt sich aus zwei Silben zusammen: »Man« steht für Gemüt und »tra« für Befreiung. Somit ist ein Mantra ein Wort oder eine Wortkombination mit mystischem Inhalt und einer Resonanzwirkung, die das Gemüt von Gedanken befreit.

Wie sehr Klänge Körper und Geist berühren und beeinflussen, kann man auch an Klangschalen sehen, die in der östlichen Medizin ebenfalls zur Heilung eingesetzt werden.

Vergegenwärtigung des Mantras durch Wiederholung

Um das spirituelle Erlebnis herbeizuführen, sprachen und sangen die Rishis die Mantras wieder und immer wieder. So vergegenwärtigten sie sich die empfangene Weisheit und festigten die Erinnerung daran. Wiederholung ist auch Verweilen. Je länger man bei dem Inhalt und der Schwingung des Mantras verweilen kann, desto mehr verstärkt sich auch dessen Wirkung. Dies führte mit der Zeit zu der charakteristischen Wiederholung der Mantras.

Diese unbeirrte Wiederholung wird auch Japa genannt. Sie geschieht in meditativer Stimmung – entweder still, also nur in Gedanken, oder indem sie gesprochen, gesungen oder gehört wird. Diese Repetition bewirkt, dass der gedanklich im Alltag verstrickte, wandernde Geist an das Mantra gebunden wird. Das Mantra bleibt somit im Bewusstsein gegenwärtig und lässt frei driftenden, assoziativen Gedanken keinen Raum, sich zu entfalten. Auf diese Weise wird eine meditative Wirkung erreicht, denn das Gemüt ist ganz mit der einfachen, wirkungsvollen Aufgabe beschäftigt, sich auf nichts anderes als auf die Wiederholung des Mantras zu konzentrieren. Ich sehe diese Form der Meditation als einen Akt der Hingabe an das Göttliche. Allerdings sind wir im Alltag meist weit davon entfernt. Mantras werden nicht zum täglichen Gedankenaustausch gebraucht, sie dienen ausschließlich dem Austausch auf seelischer Ebene. Wer sie anwendet oder anhört, sollte sich ihren metaphysischen Inhalt stets mit kontemplativer Haltung vergegenwärtigen.

Mantras wurden über Jahrhunderte hinweg mündlich an ausgewählte Schüler weitergegeben. So lebten sie über eine lange Zeit fort, ohne niedergeschrieben zu werden. Diese »gehörte Wissenschaft« nannte sich Shruti. Dank dieser Tradition konnten Mantras auch über die Zeiten hinaus ihre Kraft bewahren. Erst später wurden sie schriftlich festgehalten.

Sanskrit – Sprache der Mantras

Die Sprache, in der die meisten traditionellen Mantras überliefert sind, ist das Sanskrit. In dieser Sprache können religiöse und philosophische Texte vielfältiger ausgedrückt werden, da sie einen besonders differenzierten Wortschatz besitzt. Ihr umfassendes Vokabular ermöglicht eine sehr präzise Beschreibung der Dinge – was gut passt, da unsere Wahrnehmung im Spirituellen differenzierter und subtiler ist als in Alltagsdingen. Das Sanskrit ist daher auch ein vortreffliches Medium für Dichtung und abstraktes

Denken. Durch die besondere Zusammensetzung der Vokale und Konsonanten entstehen wohlklingende und resonanzreiche Worte. Schon allein das Anhören von Sanskrittexten ist wohltuend. Sanskrit wird auch als Deva Bani, als Sprache der Götter bezeichnet. So gibt es in dieser Sprache allein für Gott unzählige Wörter. Im *Mahabharata* gibt es eine Stelle, an der tausend Namen für Gott und seine Attribute genannt werden, wobei jeder Name eine mantrische Wirkung hat.

Manche Ausdrucksformen des Sanskrit sind unübertrefflich. Auch einige europäische Sprachen – die indogermanischen – haben ihre Wurzeln in dieser uralten Sprache, die keine Alltagssprache, sondern vor allem der religiösen Rezitation, für Mantras und Hymnen vorbehalten ist. Sämtliche philosophische und spirituelle Werke sind in Sanskrit verfasst, auch die uralten Heiligen Schriften, u. a. die Veden, die Upanishaden, die *Bhagavat Gita*, das *Mahabharata* und *Srimad Bhagvatam*. Auch alle Mantras, die in diesem Buch erwähnt werden, sind in dieser Sprache – die traditionell überlieferten ebenso wie meine neu entstandenen Mantra-Gesänge.

Viele Inder, die selbst kein Sanskrit können, empfinden heute noch große Hochachtung für den deutschen Sprachwissenschaftler Max Müller, der im 19. Jahrhundert zahlreiche Sanskrit-Schriften übersetzt und sie damit der westlichen Welt zugänglich gemacht hat. Um Mantras zu erlernen, braucht man aber nicht Sanskrit studiert zu haben.

Sanskrit wirkt über kulturelle Grenzen hinaus

Die besondere Klang- und Resonanzwirkung, die mantrische Gebete in ihrer Originalsprache entfalten, bewirkt, dass der Mensch sich tief in seiner Seele und in seinen Gefühlen angesprochen fühlt, insbesondere, wenn sie in gesanglicher Form wiederholt werden. Dies bestätigen auch die Reaktionen, die ich auf Konzerte oder nach Übertragungen meiner Gesänge im Radio erhalte. Obwohl die wenigsten Hörer Sanskrit verstehen, so sagen viele, dass sie auf irgendeine Weise alles verstanden hätten. Was sie erreicht, ist die Stimmung oder die Schwingung der Mantra-Gesänge, die die Grenzen der Sprache überwindet und den Menschen direkt im Herzen anspricht. Das Sanskrit hat durch seine unübertroffene Ausdruckskraft eine Sonderstellung unter den Sprachen.

Heilige Schriften – Veden, Upanishaden und die »Bhagavat Gita«

Die Upanishaden stellen eine Sammlung philosophischer Schriften dar, die zwischen 700 v. Chr. und 500 v. Chr. entstanden sind. Ihre Sprache ist das Sanskrit. Sie bilden die Grundlage der indischen Philosophie und sind sowohl in Prosa als auch in Versform verfasst. Die Upanishaden setzen sich mit Fragen der Existenz und mit Fragen nach dem Sinn des Daseins auseinander. Dazu gehört auch die Beschreibung des Wesens von Brahman – der unendlichen, unvergänglichen, unsterblichen und reinen Weltenseele, die in allen Dingen steckt und keinen Anfang und kein Ende kennt. Viele, auch westliche Philosophen und Denker, haben sich mit den Upanishaden beschäftigt.

Die Upanishaden sind Bestandteil der Veda – dem »Wissen« – der heiligen Schriften des Hinduismus. Das Wissen, das die Weisen vor vielen Jahrhunderten als Offenbarungen empfingen, wurde lange Zeit ausschließlich mündlich weitergegeben. Sie wurden vermutlich erst etwa 500 n. Chr. niedergeschrieben.

Auch für Nicht-Hindus gehört die »Bhagavat Gita« zu den großen religionsphilosophischen Dichtungen der Weltliteratur. Der deutsche Philosoph Arthur Schopenhauer schrieb darüber: »Es ist die erhabenste Lektüre, die auf der Welt möglich ist; sie ist der Trost meines Lebens gewesen und wird der meines Sterbens sein.«

Die Veden haben in Indien eine ähnliche Stellung wie die Bibel im Christentum. Allerdings haben sie für die Menschen auch heute noch lebensberatenden Charakter, denn in den Veden werden auch philosophisch-spirituelle und ethische Fragen behandelt. Die UNESCO hat die vedischen Gesänge als Meisterwerk des immateriellen Erbes zum Weltkulturerbe ernannt.

Viele Hindus betrachten die Lehren der *Bhagavat Gita* als Quintessenz der Veden. In dem 18 Kapitel umfassenden Epos werden Suchenden in umfangreicher Weise die verschiedenen Wege zum Ziel sowie verschiedene Möglichkeiten des Handelns beschrieben. Die *Bhagavat Gita* hat das

Sprache und Dichtung

Im Alltag verwenden wir Sprache als Werkzeug, um Informationen auszutauschen, zur Kommunikation. Ein Dichter nutzt die Sprache auf einer höheren Ebene. Auch er wiederholt Klangähnlichkeiten im Reim. Oder aber er verwendet, um seinen Sinn zu vermitteln, ein Wort, das wohl das Gleiche bedeutet, aber anders klingt. Er nutzt somit die Klangwirkung der Sprache, ähnlich wie es bei der Mantra-Anwendung der Fall ist. Der Künstler kann freier mit der Sprache umgehen, als dies im Alltag möglich ist. Er kann Worte, Klänge und mögliche Assoziationen nach Belieben gestalten und so Altbekanntes in neuem Licht erscheinen lassen. Auf diese Weise spricht er mehrere und tiefere Ebenen des Menschen an und eröffnet ihm und sich selbst einen gefühlsmäßigen Zugang zur Welt und zu sich selbst.

indische Geistesleben stark beeinflusst. Bis heute wird kaum ein Text der Hinduliteratur so viel gelesen, so oft auswendig gelernt und so häufig zitiert wie diese Verse.

Die Ursilbe »Om«

Das bekannteste und erhabenste Mantra ist das »Om«. Den vedischen Schriften zufolge trägt diese einfache Silbe den göttlichen Klang und somit die Kraft der Schöpfung in sich. Das »Om« wird der einen universalen, allgegenwärtigen kosmischen Einheit Gott zugeordnet. Wird es richtig intoniert und in seiner Wirkung realisiert, so führt dies schließlich zum Erleben des göttlichen Prinzips. Von diesem Mantra wird in sämtlichen wichtigen altindischen Schriften gesprochen.

Das »Om« ist die klangliche Entsprechung der Urschwingung, die auch Pranava oder Omkara genannt wird. In alten Zeiten konnten sich die Weisen durch Sammlung ihrer Gedanken in einen reinen Bewusstseinszustand versetzen, der sie dazu befähigte, diese Urschwingung zu hören. Zwar erfüllt sie seit Menschengedenken die ganze Schöpfung, den ganzen Kosmos, aber nicht jeder war und ist in der Lage, sie wahrzunehmen. Meist sind die Nebengeräusche der Gedanken zu laut und lenken vom reinen Klang ab.

Selbst den Weisen ist und war das »Om« nicht immer zugänglich. Durch ihre geistigen Übungen, das stetige Wiederholen der Mantras aber schafften sich die Rishis eine Öffnung, über die sie sich diesem Urklang immer wieder nähern können. Diese Öffnung besteht, wenn der meditative Zustand erreicht ist. Die Erfahrung des »Om« als Urklang war eine einheitliche Erfahrung der Weisen. Sie erlebten den Urklang als allgegenwärtig und raumfüllend. So heißt es in der *Bhagavat Gita*, Vers 10.25:

Unter den großen Sehern bin ich Bhrigu,
Unter den Worten bin ich die geheime Silbe »Om«,
Unter allen Anbetungsformen bin ich die Wiederholung von Mantras,
Unter den Bergmassiven bin ich der Himalaya.

Die Intensität des »Om« ist auch auf körperlicher zu Ebene erklären: Die Vibrationen, die durch die Intonation des »Om« entsteht, breiten sich in Brust, Halsbereich und Schädel aus. Dabei rufen sie eine Resonanz her-

»Oh Sohn Kuntis, ich bin der Geschmack im Wasser, die Lichtstrahlen von Sonne und Mond, der Urklang Om (Pranava) aller Wesen, Klangschwingung im Äther und die schöpferischen Fähigkeiten der Menschen.«
»Bhagavat Gita«, Kapitel 7, Vers 8

Wie nebenstehendes Beispiel zeigt, gibt es zu einigen wissenschaftlichen Erkenntnissen erstaunliche Parallelen zu den Aussagen aus alten indischen Lehren über das Bewusstsein.

Die verschiedenen Zustände des Bewusstseins

In einer der alten Schriften, der *Mandukya Upanishad,* werden die drei Buchstaben A, U und M, die phonetisch das »Om« ausmachen, verschiedenen Bewusstseinszuständen zugeordnet. Demnach korrespondiert es mit den Zuständen des Wachens, des Träumens, des Tiefschlafs und der tiefsten Ruhe:

- »A« repräsentiert den Wachzustand (Vaisvanara) unseres Bewusstseins.
- »U« steht für den Traumzustand (Taijasa).
- »M« verkörpert das Bewusstsein im Tiefschlaf (Prajna). In diesem sind Wachzustand und Traumzustand enthalten.

Darüber hinaus nennen die Schriften eine weitere, vierte Bewusstseinsstufe, den Zustand tiefster Ruhe (Turiya). Diese Stufe beobachtet die drei vorangehenden Bewusstseinszustände. Sie ist das wahre Selbst des Menschen – Atman – und mit der Urschwingung von »Om« identisch.

Auch die moderne Neurophysiologie unterscheidet verschiedene Bewusstseinszustände, die von den entsprechenden Hirnwellen im Elektroenzephalogramm (EEG) abgeleitet werden können:

Im Wachzustand herrschen Beta-Wellen (38–15 Hz) und Alpha-Wellen (14–8 Hz) vor. Theta-Wellen (7–4 Hz) zeigen sich besonders im Traumzustand, Delta-Wellen (3–0,5 Hz) herrschen im Tiefschlaf vor. Der vierte Bewusstseinszustand, von dem in der *Mandukya Upanishad* die Rede ist, ist der westlichen Wissenschaft nicht bekannt. Dies ist der Bereich der ursprünglichen »Om«-Schwingung.

Die moderne wissenschaftliche Bewusstseinsforschung ist im Grunde ein indirekter Versuch, in die spirituelle Dimension zu gelangen.

vor, die das zentrale Nervensystem und die Drüsen zart zum Vibrieren bringt. Die feinen Schwingungen werden von den Körperzellen aufgenommen, und diese werden dadurch angeregt.

Interessant ist in diesem Zusammenhang auch Folgendes: Der allererste, unwillkürliche Laut, den ein Kind nach seiner Geburt macht, ist das »A«. Das »Om« wird mit O und M geschrieben und gesprochen, doch diese beiden Buchstaben klingen wie ein zusammengesetzter Laut aus A, U und M. In ihnen liegen Anfang und Ende – Alpha und Omega – im A und M ist beides enthalten.

Das Wort »Om« selbst lässt sich nicht übersetzen, es hat keine Bedeutung, die man sprachlich wiedergeben könnte. Zugleich werden dem »Om« dank seiner mystischen Stellung in der Schöpfung etliche Bedeutungen zugeschrieben, und es wurde und wird immer wieder ausgiebig kommentiert. Neben dem »Om«, dem ersten und wichtigsten Bija-Mantra (Keimsilbe), gibt es eine Reihe von Keimsilben, die aus dem »Om« selbst hervorgegangen sind. Diese Keimsilben werden bestimmten Gottheiten als Klangsymbole zugeordnet.

Das »Om« ist das höchste und bekannteste Klangsymbol. Es steht für die höchste göttliche Kraft und befindet sich oft am Anfang von Sanskrit-Mantras.

Viele Mantras enthalten ein oder mehrere Keimsilben. Eine Keimsilbe – oder ein Bija-Mantra – ist eine Klangschwingung ohne übersetzbare Bedeutung, aber mit einer enormen Schwingungsenergie. Sie ist sprachlich einem bestimmten Erlebnis zugeordnet, das die Weisen auf dem Weg der Erkenntnis hatten. Oft bezieht sie sich auch auf Gottheiten oder deren Eigenschaften, die durch Wiederholung der entsprechenden Keimsilbe angerufen werden können.

Der Name »Keimsilbe« kommt daher, weil aus ihnen etwas hervorkeimt, wächst und sich entwickelt. Die Silben sind die Samen (Bija), die bei entsprechender geistiger Konzentration und wiederholter Rezitation ihre Schwingungen entfalten. Auch den verschiedenen energetischen Kraftzentren im menschlichen Körper, den sogenannten Chakras, sind einzelne Bija-Mantras zugeordnet. Eine genaue Beschreibung des Zusammenhangs zwischen verschiedenen Bija-Mantras und den Chakras finden Sie im Kapitel »Beispiele für Mantras« auf Seite 75ff.

Die Ursilbe »Om« gilt im östlichen Kulturkreis als heilige Silbe und taucht in vielen Religionen – etwa im Hinduismus, im Buddhismus oder im Jainismus – als Schmuckelement auf.

Mantra-Meditation und Spiritualität

Bei der Meditation mit Mantras handelt es sich primär um eine spirituelle Erfahrung. Mantras wirken auf verschiedenen Ebenen: auf der körperlichen Ebene, indem sie für Entspannung sorgen, und auf der geistigen Ebene, indem sie die Gedanken bündeln und beruhigen. Ihre Wirkung auf seelischer Ebene äußert sich darin, dass man durch sie eine besondere Art des Glücksgefühls erlebt, das nicht von äußeren Ereignissen bedingt wird, sondern aus einem selbst, dem eigenen Bewusstsein heraus entsteht. Man erlebt dieses erhabene Gefühl in der Meditation, ebenso Geborgenheit, Freude und tiefen Frieden. Diese Erfahrung ruft die Sehnsucht nach weiteren derartigen Erlebnissen wach und ist für viele schließlich Anreiz dazu, ihr ganzes Leben auf dieses Ziel auszurichten. Wenn man Zugang zu seiner Spiritualität findet und sie in den Alltag integrieren kann, hat diese Ressource auch einen positiven Einfluss auf die Gesundheit; zudem dient sie als Grundlage für eine positive Lebenseinstellung.

Das Wort »Spiritualität« leitet sich vom lateinischen »spiritus« ab und bedeutet Geist.

Warum Spiritualität?

Jeder Mensch sucht, bewusst oder unbewusst, nach Glück. Dies ist ein Grund für die Anziehungskraft der Spiritualität, die er nur in seinem Inneren finden kann. Der Mensch kann nicht glücklich sein, wenn er nur weltliche Bedürfnisse zu stillen sucht, denn damit vernachlässigt er seine Seele. Auch die Seele braucht Nahrung, und sie sucht Geborgenheit und Harmonie. All das findet sie in der spirituellen Erfahrung.

Die Seele sehnt sich nach Spiritualität

Wurde die Seele auch nur ein einziges Mal spirituell berührt, sehnt sie sich nach weiteren derartigen Erfahrungen. Diese Anziehung und eine gewisse kindliche Offenheit sind unbedingte Voraussetzungen für immer

Was ist Spiritualität?

Der Sinn von Spiritualität ist das Erleben der Kernwahrheit aller Religionen, die aus spiritueller Sicht nicht im Widerspruch zueinander stehen. Wesentliche Prinzipien aller Religionen werden respektiert, es geht nicht um Glaubensbekenntnisse oder die Zugehörigkeit zu einer Konfession und deren Dogmen. Ziel der Spiritualität ist ein die persönlichen Grenzen überschreitendes Erleben, eine transpersonale Bewusstseinserfahrung. Dies wird auch als *unio mystica* oder *religio* – »sich mit Gott verbinden« – bezeichnet. Spiritualität und Mystik gehen denselben Weg, die eigene Seele wird als Teil Gottes verstanden. Dieser Weg ist ein absolut freier, universeller Weg und ein Weg des Herzens. Kontemplation und Meditation schaffen einen Zugang zu diesem reinen, tiefen, innerseelischen Bewusstsein.

In den Lehren der Mystik wird die Seele als Funke Gottes und von göttlicher Natur beschrieben, die grundsätzlich nach einer Verbindung mit der göttlichen Kraft, nach einer Rückbindung (»religio«) zu ihrem göttlichen Ursprung, strebt.

weitere Erfahrungen, an denen wir wachsen können. Mantra-Gesänge sind Seelenerlebnisse. Der spriritueller Mantra-Gesang spiegelt die seelische Sehnsucht wider und macht sie uns bewusst. Jeder Teil des Menschen strebt nach seinem Ursprung, so auch die Seele – auch sie will zu ihrer Quelle zurück, dorthin, wo sie Glückseligkeit findet. Mithilfe der Mantras suchen wir den Urklang, die Heimat unserer Seele. Wenn er in uns schwingt, wenn Seele und kosmische Einheit zusammenfinden, erleben wir wahre Freude und Frieden und ein tiefes Gefühl der Geborgenheit, das viele Menschen im Laufe des Lebens verloren haben.

Auch Yoga-Übungen haben ihre Wurzeln ursprünglich in der Spiritualität. Um spirituelle Ziele zu verwirklichen, sollten sie zusätzlich dazu dienen, körperlich gesund zu bleiben und die Ausdauer zu fördern. Mantra-Übungen führen in die Meditation und zur Selbstbesinnung. Man lernt, seine Gedanken zu steuern. Das innere Wachstum und die Achtsamkeit gegenüber sich selbst und der Umwelt, gegenüber den Mitmenschen und anderen Lebewesen werden gefördert.

Spirituelle Hingabe erinnert uns an das Höhere und motiviert uns zum inneren Dialog, zu einer fortdauernden Anbetung des Göttlichen. Dies tun wir, indem wir den inneren Aspekt, den jedes Mantra besitzt, in Gedanken wiederholen. Dann ist das Mantra in seiner ganzen Bedeutung verwirklicht – allein darin liegt sein spiritueller Sinn. Von dieser positiven Erfahrung erfüllt, verändert sich unsere Wahrnehmung.

Meditation und spirituelle Erfahrung

Echte spirituelle Erfahrungen gehen mit dem Gefühl einher, eins zu sein mit der kosmischen göttlichen Kraft. Das ist es, was wir in der Meditation erleben. Dieses Erlebnis ist nicht abhängig von intellektuellen Fähigkeiten, von materiellem Besitz oder praktischem Können. Jeder muss für sich selbst herausfinden, auf welchem Weg er sein Gemüt in die Meditation geleitet. In der Meditation werden wir schrittweise unseres Selbst oder unserer Seele bewusst und erfahren dabei, wer und wie wir sind. Es ist ein Erleben, in dem wir uns unserer Existenz bewusst werden.

Die absolute Freiheit von weltlichen Gedanken ist im Alltag für die wenigsten leicht erreichbar. Sich erholen, zurückziehen, ausruhen gilt als gesundes Gegengewicht zu einem Alltag, in dem dauernde Produktivität und Aktivität erwartet wird. Aber wie schaltet man ab, wenn man es nie gelernt hat? Wenn man sich hinlegt, ruht womöglich der Körper, aber nicht unbedingt der Geist. Wer Gedanken lenken, ihnen eine Richtung geben kann, der kann wirklich ausruhen. Das fällt heutzutage vielen schwer. Aber es ist ein wichtiger Bestandteil des Lebens, nach der Tätigkeit zu ruhen – so wie es einen natürlichen Wechsel zwischen Wachen und Schlafen gibt.

Erst wenn die Gedanken zur Ruhe kommen, herrscht wirkliches Schweigen. Meditation ist die Erfahrung tiefster Stille und eine Erinnerung an unser höchstes Selbst.

Den meditativen Zustand erreichen

Spiritualität erlebt man u.a. in der Meditation, mithilfe von Mantras. Selbstverständlich führen viele verschiedene Wege in den meditativen Zustand. Das Singen von Mantras oder die Konzentration auf Mantras kann einer sein.

In der Mantra-Meditation verbindet man sich gedanklich so mit dem Mantra, dass in diesem Moment allein dieses existiert. So lernt man, seine Gedanken zu sammeln. In diesen meditativen Ruhezustand kann man sich mit etwas Übung gezielt hineinversetzen und so die Voraussetzung für Entspannung schaffen. Allerdings bleibt das Bewusstsein dabei hellwach, anders als im Schlaf, wo wir Materie, Raum, Zeit und Ort nicht mehr wahrnehmen. Darin unterscheidet sich der meditative Zustand vom Schlaf: Man bleibt sich in der Meditation seiner selbst bewusst, vergegenwärtigt sich dabei aber die Vergänglichkeit des Körpers und der äußeren Dinge, auch der Gedanken.

Erinnerung, Gebet, Frieden und Hingabe zu Gott sind wie vier Räder eines spirituellen Wagens, die zusammen gegenseitige Stabilität und Balance bewirken.

Smirti – Erinnerung an die Quelle der Glückseligkeit

Glückseligkeit ist eine tief in uns verankerte Emotion. Sie ist ursprünglich, somit von göttlicher Natur und unabhängig von äußeren Bedingungen. Ungünstige Ereignisse oder Gegebenheiten können zwar ihren Schatten auf sie werfen, doch sie können der Existenz dieser Quelle tiefster innerer Freude nichts anhaben. Wichtig ist, dass man sich ihrer immer wieder neu gewahr wird und sich daran erinnert, wo die eigene Quelle der Glückseligkeit liegt. Denn sie ist zwar unvergänglich, entzieht sich aber oft unserer seelischen Wahrnehmung. Mithilfe von Mantras holen wir sie in unser Bewusstsein zurück. Diese Form der Erinnerung wird in der Sanskrit-Sprache Smirti genannt.

Die Erinnerungskraft ist die Größe des menschlichen Geistes, sich seines eigenen verborgenen Schatzes gewahr zu werden. Wir müssen ihn uns im wahrsten Sinne des Wortes wiederholen, wir müssen die Erinnerung immer wieder zu uns zurückholen.

Um sich die Vorstellung zu erleichtern, wie sich der meditative Zustand mithilfe eines Mantras erreichen lässt, hilft Ihnen vielleicht die Idee, ein Mantra sei ein Gefährt oder ein Medium, das Sie von einer Welt in eine andere bringt – wie ein Boot, mit dem man in den See der eigenen Seele rudern kann. Meiner Erfahrung nach ist dies ein recht zugänglicher Weg in die eigene Seelenwelt, in der man seine Spiritualität erleben kann. Mantras ermöglichen es uns, den Zustand der Meditation als Öffnung zu einer im alltäglichen Leben meist verschlossenen, unbewussten seelischen Dimension zu erleben und darin Ruhe zu finden.

Meditation mindert Stress

Seit langem werden meditative Zustände und ihre Wirkung auf den menschlichen Körper untersucht. Viele Theorien basieren auf der Annahme, dass Meditation eine besonders tiefe Form der Entspannung ist. Bei (psychologischem) Stress wird der Sympathikus aktiviert. Dieser Teil des autonomen Nervensystems ist für das Auslösen einer Kampf- und Fluchtreaktion zuständig. Meditation hingegen regt den Parasympathikus an, den Gegenspieler des Sympathikus. Er sorgt dafür, dass die Herzfrequenz sinkt und die Durchblutung der inneren Organe verbessert wird. Im meditativen Zustand wird die übermäßige, Stress verursachende Hirnaktivität neutralisiert. Gleichzeitig bleibt das Bewusstsein wach und aufmerksam –

wir können uns auf den Moment konzentrieren. Fachleute sehen in Meditations- und Entspannungsverfahren ein großes therapeutisches Potenzial für die Vorbeugung von Krankheiten und für die Behandlung chronischer Erkrankungen.

Spiritualität und Lebenseinstellung

Eine spirituelle Grunderfahrung ermöglicht dem Menschen eine neue Sicht auf das Leben und auf die Geschehnisse in der Welt. Sie weckt einen höheren Realitätssinn im Menschen und ändert somit seine innere Einstellung. Dadurch gewinnt er den Glauben und die Zuversicht, dass er ein Teil des Ganzen ist und dass hinter allem Vergänglichen und Veränderlichen die Seele mit einem ewigen Urgrund in Verbindung steht und dorthin zurückfinden wird. Diese Zuversicht und dieses Vertrauen geben ihm Halt im Leben.

Das bedeutet nicht, dass spirituelle Menschen keine Probleme hätten oder ihnen nichts Schlimmes widerfahren könnte – es gibt niemanden auf der Welt, der niemals Probleme hätte. Die entscheidende Frage ist allerdings, wie man damit umgeht. Wenn man plötzlich schwerwiegend erkrankt oder einem etwas Unangenehmes und Unerwartetes zustößt, wovor im Leben keiner gefeit ist, dann ist dies eine Lebensrealität, die man annehmen muss. Ausschlaggebend ist aber, wie man seine Kräfte und Möglichkeiten in dieser Situation einsetzt: um seine Lage nur noch zu beklagen oder das Bestmögliche für sich zu tun. Mit einem spirituellen Hintergrund ist man eher dazu fähig, sich den Dingen aktiv und mit einer gewissen Gelassenheit zu stellen, nicht zu verzweifeln und nicht zu zerbrechen. Es ist eine gelungene Bewältigungsstrategie, in einer solchen Situation einen Sinn für die weitere Entwicklung zu sehen und sie somit in das Leben integrieren zu können. In diesem Sinne stärkt Spiritualität das Urvertrauen. Wer ein auf Spiritualität gegründetes Urvertrauen besitzt, hat wiederum eine starke Basis, von der aus er weitere gesundheitsfördernde Eigenschaften entwickeln kann.

Mit Urvertrauen bezeichnet die Psychologie die fest in einem Menschen verankerte Gewissheit, dass es die Welt und das Leben grundsätzlich gut mit ihm meint und dass ihm nichts Schlimmes widerfahren wird.

Ein gestärktes Urvertrauen bietet dem Menschen einen enormen Schutz. Anfechtungen des Alltags, im Beruf, mit den Mitmenschen, haben nicht die Macht, den Einzelnen grundlegend infrage zu stellen – und womöglich krank zu machen –, wenn dieser sein Urvertrauen aus einer tieferen Quelle speist.

Das Wissen um einen höheren Sinn des Lebens gibt Halt

In meiner Praxiszeit habe ich festgestellt, dass immer mehr Menschen sich einer Psychotherapie unterziehen möchten. Viele spüren die Notwendigkeit, ihr Leben und Verhalten zu ändern, da immer wieder dieselben Mechanismen zu Konflikten in Beruf, Partnerschaft und Familienleben führen. Es ist wichtig, dass sie ihr Problem einem Psychotherapeuten anvertrauen, um in einer akuten Situation Unterstützung zu finden und sich nicht hoffnungslos dieser Situation ausgeliefert zu sehen. Allerdings bin ich der Meinung, dass manch ein Problem sich auch lösen ließe oder womöglich gar nicht bestünde, wenn die Menschen sich auf ihre Spiritualität besinnen würden.

Der amerikanische Forscher Harold G. Koenig (Duke University, North Carolina) hat den Zusammenhang zwischen Glauben, Gebeten und Genesung erforscht. Er stellte fest, dass immer mehr Menschen versuchen, Lebensprobleme mithilfe ihrer Religiosität zu bewältigen. Bei gläubigen Menschen sei die Lebenserwartung höher, der Blutdruck niedriger und das Immunsystem stärker als bei Menschen ohne religiösen Halt – unabhängig davon, welcher Religion sie zugehörten.

Viele Menschen beschäftigen sich nicht mit der Frage nach einem tieferen Sinn des Lebens, sondern machen ihr Glück beispielsweise von der Zuneigung einer anderen Person abhängig. Geht diese Beziehung in die Brüche, geraten sie schnell in eine Krise. Jeder Mensch leidet an Trennungen und ist traurig darüber. Aber nicht jeder zerbricht daran. Wer innere Werte hat oder etwas wie Sinn in seiner Spiritualität erfährt, findet darin zusätzlichen Halt und Geborgenheit. Er verliert nicht gleich den Boden unter den Füßen, wenn in seinem Leben etwas geschieht, was er sich nicht gewünscht hat – sei es Krankheit oder die Trennung vom Partner. Spiritualität ist auch das Wissen und die Erfahrung, einem großen Ganzen zuzugehören. Und dieses Bewusstsein gibt Gelassenheit, Hoffnung und Urvertrauen – die tief im Menschen verankerte Gewissheit, dass das Leben grundsätzlich gut ist, dass auch wieder bessere Zeiten kommen und dass man Schwierigkeiten überwinden kann.

Die Entwicklung der eigenen Spiritualität ist eine geeignete und effektive Selbsttherapie, da sie durch Selbstbesinnung und Selbstreflexion eine entsprechende Verhaltensänderung bewirken kann.

Achtsamer Umgang mit Mitmenschen und Umwelt

Spiritualität bedeutet Selbstbesinnung. Sie schärft das Bewusstsein für uns selbst und für die Art, wie wir mit unserem Leben und unseren Mitmenschen umgehen. Wir werden aufmerksamer für unsere Mitmenschen, bringen ihnen Achtsamkeit und Empathie entgegen. Selbstbesinnung äußert sich auch in positiven Gefühlen, die wir empfinden können und müssen, um all diese Eigenschaften zu entwickeln. Und nicht zuletzt ist es diese Besinnung auf uns selbst, die uns zu einem glücklichen Leben, zur Glückseligkeit führt, die jeder Mensch bewusst oder unbewusst anstrebt.

All die positiven Effekte, die ein spirituell erfülltes Leben auf unsere eigene Persönlichkeit und unser inneres Wachstum hat, wirken sich auch unmittelbar auf unsere Umwelt aus. Eingebettet in ein positives Erleben unserer selbst, sind wir besser in der Lage, unseren Mitmenschen liebevoll zu begegnen. Sprache und Kommunikation sind dabei wesentlich. Worte, die ein gegenseitiges, empathisches Verstehen ausdrücken, sind wohltuend. Die meisten Menschen wissen, dass ein einziger Satz, der aus dem Herzen kommt, unsere Stimmung aufhellen und uns zutiefst glücklich machen kann. Dabei geht es nicht um neue Einsichten oder Problemlösungen, sondern um die guten Gefühle, die das Wort bewirkt hat.

»Wer ein Warum zu leben hat, der erträgt fast jedes Wie.«
Friedrich Nietzsche

Der Mensch ist ein soziales Wesen und versucht, sich der Gesellschaft anzupassen. Deshalb lässt er sich von den Werten und Vorstellungen prägen, die in der Gesellschaft vorherrschen. In der heutigen Zeit sind diese Werte weitgehend materieller Natur. Gefühle werden ins Abseits gedrängt, zwischenmenschliche Beziehungen verlieren oft an Tiefe und Stabilität. Umso wichtiger ist es, in sich selbst einen Halt zu haben und sein Wohlbefinden und seine Sinnsuche von äußeren Ereignissen unabhängig zu machen.

Das Selbstvertrauen wird durch das Bewusstsein gestärkt, dass man seinen eigentlichen Wert nicht an äußeren Leistungen misst, wie es oft der Fall ist. Spirituelle Erfahrungen geben uns Einblick in eine geistige Dimension, die uns von materiellen und weltlichen Anhaftungen befreit. So wird uns deutlich, worauf es im Leben ankommt, welche Prioritäten wir setzen wollen und wie nichtig viele der scheinbar wichtigen Dinge tatsächlich sind. Spiritualität lenkt unsere Wahrnehmung auf den Sinn des Lebens, der über die alltäglichen Sorgen und Belanglosigkeiten weit hinausgeht.

Das spirituelle Wort ist ein Mantra. Es spendet Freude und Glückseligkeit, weil es einer göttlichen Harmonie entspringt, die die Seele des Menschen anspricht.

Aus der spirituellen Erfahrung entwickelt sich auch eine Ehrfurcht vor der gesamten Natur und der Tierwelt, weil sich die Schönheit und Harmonie auch hierin widerspiegelt. Spiritualität im weiteren Sinn berücksichtigt auch die Belange der Tiere, die unsere Mitgeschöpfe und ebenfalls beseelte Wesen sind, die Freude, Schmerzen und Leid empfinden und unseres Schutzes bedürfen. Die spirituelle Orientierung gibt dem Leben einen zusätzlichen, höheren Sinn, dessen Verwirklichung man freudig anstrebt, um zufrieden und glücklich zu leben.

Mantras und Stimmung

Denken und Fühlen

Wenn unsere Gefühle krank sind, müssen wir unsere Gefühle heilen. Zum einen wirken Mantras als angewendete Spiritualität auf unsere geistige Verfassung, unser Denken und unsere grundsätzliche Sicht auf die Welt ein. Zum anderen ist eine gute emotionale Grundstimmung – die ebenfalls mit Mantras erreicht werden kann – auch für unsere körperliche Gesundheit wichtig. Natürlich spielen die einzelnen Wirkungsbereiche der Mantras ineinander. Die Unterteilung in geistig, körperlich und seelisch habe ich vorgenommen, um Ihnen die Mechanismen, die durch die Mantra-Meditation zum Tragen kommen, zu verdeutlichen.

Im Zusammenhang mit Stimmungen und Gefühlen spielt unsere Art zu denken eine große Rolle – also die Art und Weise, welche Bedeutung wir den Ereignissen beimessen, und damit auch die Art, wie wir und unser Körper mit der Situation umgehen. Wie wir eine Situation einschätzen, macht sich deutlich und unmittelbar körperlich bemerkbar. Oft bestimmen wir erheblich mit, ob eine Situation als stressreich erlebt (und verarbeitet) wird, oder ob wir ihr mit Gelassenheit begegnen und uns und unserem Körper den Aufruhr somit ersparen.

Vegetative Reaktionen, die uns in gefährlichen Situationen dazu verhelfen sollen, schnell das Weite zu suchen und uns in Sicherheit zu bringen, werden oft schon bei nichtigen Anlässen ausgelöst. Das bedeutet extremen Stress für den Organismus und ist schlecht für die Gesundheit.

Einfluss auf Körper, Geist und Seele

Positives Denken führt nicht nur zu positiven Gefühlen, sondern hat auch einen nachweislich günstigen Effekt auf unsere Gesundheit. Umgekehrt können uns negative Gefühle körperlich krank machen. Eine zentrale Funktion hat dabei das vegetative Nervensystem. Bei Stress wird es stärker aktiviert und kann überreagieren, was man nicht nur akut als unangenehm empfindet, sondern was auch auf Dauer belastet. Das vegetative Nervensystem reagiert sensibel auf die kleinsten (Ver-)Stimmungen, Gedanken und Worte und bereitet den Körper auf die entsprechende Reaktion vor. Allerdings hat diese Empfänglichkeit auch einen Vorteil: Man kann willentlich Einfluss darauf nehmen. Diese Eigenschaft machen sich Therapeuten zunutze, um psychosomatische Störungen zu behandeln, und auch die Anwendung von Mantras greift an dieser Stelle ein.

Die innere Einstellung entscheidet

Nicht in allen, aber in vielen Situationen unseres Lebens können wir selbst steuern, wie sich die Dinge für uns entwickeln. Wir können verärgert oder verstimmt auf Ereignisse reagieren und uns die Laune verderben lassen – was sich schließlich auch körperlich niederschlägt. Oder aber wir versuchen, unserer Vernunft zu folgen, etwas Abstand zum Geschehen zu nehmen und das Beste aus der Situation zu machen – und die körperlichen Reaktionen bleiben aus. Oft haben wir es selbst in der Hand, welchen Weg wir einschlagen und wohin er uns schließlich führt. Die innere Einstellung entscheidet letztlich nicht nur darüber, ob Sie gesund bleiben oder werden, sondern auch darüber, ob Sie glücklich sein und ein erfülltes Leben führen können.

Lachen braucht keinen ernsten Grund und ist sicherlich gesünder, als sich über Kleinigkeiten zu ärgern.

Deshalb geht es hier zunächst nicht um konkrete Krankheiten oder Störungen, sondern um die Mechanismen, die unser allgemeines Befinden beeinflussen. Ich möchte damit ein Bewusstsein dafür schaffen, wie Stimmungen und Gedanken zu psychosomatischen Symptomen führen können. Ist dieses Bewusstsein einmal vorhanden, können Sie mithilfe von

Die Grundhaltung prägt das Aussehen

Unsere emotionale Grundhaltung wird maßgeblich durch unsere Gedanken geprägt und spiegelt sich sogar im Muskeltonus von Körper und Gesicht wider. Die günstigen neurovegetativen Wirkungen von Freude und Fröhlichkeit zeigen sich schon, wenn wir nur lächeln. Das setzt eine ganze Kette von Ereignissen in Gang: Die Gesichtsmuskeln entspannen sich, was die Nervenbahnen positiv beeinflusst; das Lächeln wird belohnt und durch die positive Rückmeldung verstärkt – wir lächeln wieder. Dieses Beispiel zeigt, welch einfache Gesetzmäßigkeiten zu unserer psychischen Gesundheit beitragen und mit wie wenig Aufwand man das eigene Wohlbefinden selbst begünstigen kann – ein gewisses Maß an Selbstreflexion vorausgesetzt. So erklärt sich auch, wieso man glaubt, aus den Gesichtszügen eines Menschen sein Wesen ablesen zu können: Ein fröhlicher Mensch, frei von belastenden Emotionen und mit sich und der Welt im Reinen, hat entspannte Gesichtszüge. Seine innere Harmonie strahlt auch aus seiner physischen Erscheinung heraus.

Stimme und Klänge erzeugen Stimmung – und die Stimmung muss deshalb stimmen, weil sie auf subtile Weise die seelische Harmonie steuert.

Mantras auf die Mechanismen Einfluss nehmen. Mantras erreichen den Menschen auf der Gefühlsebene. Über diese üben sie ihre heilende Wirkung auf unseren Körper aus, indem sie die vegetativen Funktionen beeinflussen. So können sie uns seelischen Halt geben, sei es zur Bewältigung von Alltagsproblemen, in gesundheitlichen Krisen, beim Drogenentzug, bei der Begleitung Sterbender oder als Trost für Angehörige.

Wissenschaftliche Studien belegen, dass Stress und Depressionen das Immunsystem schwächen und ein langfristig geschwächtes Immunsystem auch die Stimmung drückt.

Der Teufelskreis negativen Denkens

Unser seelisches Wohlbefinden und unsere Stimmung werden maßgeblich von unseren Gedanken beeinflusst. Ist man in einer Verfassung, in der man alles als unangenehm und belastend findet, betrachtet man auch alles weitere, was einem in dieser Stimmung begegnet, als defizitär oder negativ. Die Gedanken kreisen nur noch um negativ besetzte Themen, was die Misere weiter verstärkt. Es ist ein Teufelskreis: Düstere Gedanken werden immer düsterer, schlechte Laune steigert sich zur depressiven Verstimmung. Gelingt es, diese Negativspirale zu durchbrechen und positive Gefühle zuzulassen, hellt sich sogleich das ganze Erleben auf. Plötzlich kann man den Dingen wieder ihre guten Seiten abgewinnen und fühlt sich entsprechend besser. Entscheidend dabei ist, wie wir Ereignisse bewerten. Gut gelaunt sind wir eher willens, das Gute in den Dingen zu sehen, als mit einer negativen Einstellung. Das sind natürlich nicht immer bewusste und willentlich gesteuerte Abläufe. Und somit hat positives Denken nicht nur einen subjektiv gefühlten, sondern auch einen nachweislich günstigen Effekt auf unsere Gesundheit – und umgekehrt können uns negative Gefühle körperlich krank machen.

Negative Gefühle erzeugen Stress

Eine wirksame Methode, den Teufelskreis der negativen Gedanken zu durchbrechen, ist die atemsynchrone Mantra-Meditation.

Viele Menschen haben ein großes Problem damit, Ärger, Hass, Neid, Eifersucht oder Wut zu überwinden. Negative Emotionen, auch Ängste, reizen das vegetative Nervensystem und aktivieren das Limbische System. Bei Ärger beispielsweise führt die emotionale Übersteuerung dazu, dass alles im Menschen in Aufruhr gerät: Er atmet schneller, der Puls rast, er beginnt, schnell und laut zu reden. Er ist auf allen Ebenen angespannt und steht unter erheblichem Stress. Ärger entsteht oft im

Stressverarbeitung im Gehirn

Innerlicher Stress entsteht, wenn unsere charakterliche Veranlagung uns zu einem bestimmten Verhalten zwingt. Äußerlichen Stress haben wir in Alltagssituationen, bei Prüfungen, unter Zeitdruck, beim Sport. Wenn wir etwas erleben, was wir emotional als Stresssituation werten, geht diese Information an das Limbische System, den Sitz unserer Emotionen im Gehirn. Je nachdem, wie wir veranlagt sind, nimmt es diese Emotionen auf und verarbeitet sie, indem es die Hirnrinde aktiviert. Daraufhin werden Stresshormone wie Noradrenalin und Kortisol freigesetzt. Diese Hormone aktivieren das vegetative Nervensystem, den Sympathikus, der mit Kampf-Flucht-Symptomen reagiert: schneller Atem, ansteigender Puls, Nervosität, Schweißausbruch, Aufregung, erweiterte Pupillen, Zittern und erhöhte Wachsamkeit. Was im Körper zu unserem Schutz angelegt ist, wird nun durch ungünstige Erlebnisse oder deren negative Interpretation ausgelöst und schadet uns. Dabei spielt die Intensität der Erlebnisse eine große Rolle, denn starke Wahrnehmungen werden stärker mit Gefühlen verknüpft. Aber selbst schwache Vorstellungen, Wünsche oder Gedanken können Störungen hervorrufen und zu vegetativen Fehlreaktionen führen.

Das Limbische System sendet Signale und ruft damit körperliche Reaktionen hervor. Während Stress den Sympathikus aktiviert, wird er durch Ruhe gedämpft, etwa wenn wir schlafen. Allerdings gibt es eine Ausnahme: Albträume können den Sympathikus auch im Schlaf aktivieren und die entsprechende Symptomatik hervorrufen.

Zusammenhang mit seelischer Verletzung, damit, dass Wünsche nicht erfüllt wurden, also bei Frustration. Da beides oft vorkommt, birgt jeder Tag ein erhebliches Ärgerpotenzial in sich. Bereits in den alten indischen Schriften wird das Überwinden von Ärger als überaus wichtige Aufgabe gesehen. Ärger gilt dort als einer der größten Feinde des Menschen.

Reaktionen auf körperlicher Ebene

Psyche und Emotionen wirken über das vegetative Nervensystem auch auf Herz und Kreislauf. Ganz einfach kann das so aussehen, dass ein Patient bei der Blutabnahme ohnmächtig wird. Während meines Berufslebens habe ich das zweimal erlebt. Allein der Anblick von Blut und Spritze löste eine emotionale Reaktion aus: Angst. Diese rief eine vegetative Reaktion hervor: erst Übelkeit, dann Schweißausbrüche und schließlich

Ohnmacht. Wie anfällig z. B. auch die Verdauung auf emotionalen Stress reagiert, wissen die meisten. Am bekanntesten ist der Zusammenhang von Angst und Durchfall oder Stress und Magengeschwüren.

Warum wiederholen sich negative Erlebnisse?

Gefühle der Hilflosigkeit, des Ausgeliefertseins, der Ausweglosigkeit und Verzweiflung, das Gefühl, keinen Einfluss auf das eigene Schicksal zu haben, bedeuten maximalen Stress und werden als traumatisch erlebt. Diese Erlebnisse hinterlassen Wunden im Unbewussten. Hatte jemand irgendwann das Gefühl, ausgeliefert und hilflos zu sein, reicht später eine einfache Bemerkung, um dieses Gefühl wieder wachzurufen. Das negative Ereignis, das im Langzeitgedächtnis oder im Unbewussten abgelegt ist, tritt durch einen beliebigen Anlass wieder an die Oberfläche und führt erneut zu aversivem Erleben und den oben beschriebenen krank machenden Reaktionen. Bei Menschen mit traumatischen Erfahrungen kommt es häufig vor, dass sie ihr Trauma auch körperlich immer wieder neu durchleben. Sie erfahren dabei extremen psychischen und körperlichen Stress.

Negative Emotionen belasten die Seele und machen sie krank. Das führt zu Verspannungen, die generell als unangenehm empfunden werden. Fühlen wir uns schlecht, verdüstern sich auch unsere Gedanken, was wiederum unser körperliches Unwohlsein verstärkt. Wenn es also Gefühle sind, die uns krank machen, müssen wir die Gefühle heilen.

Das vegetative Nervensystem

Das vegetative Nervensystem wird bei Hektik und Stress aktiviert und besteht aus zwei Antagonisten: Sympathikus und Parasympathikus. Sind diese ausgeglichen, halten sich Ruhepausen und Aktivitätsphasen der Körperfunktionen im Gleichgewicht. Der Sympathikus reguliert die Leistung, der Parasympathikus sorgt dafür, dass die Organe zur Ruhe kommen. Der Sympathikus wird dominant, wenn Stress aufkommt und Fluchtreaktionen erforderlich werden. Bricht beispielsweise ein Feuer aus, tut er alles, um unser Überleben zu sichern – er sorgt für eine erhöhte Wachsamkeit und dafür, dass es uns jederzeit möglich ist, schnell wegzulaufen. Der Parasympathikus hingegen bringt den Körper wieder auf sein normales Funktionsniveau zurück und kümmert sich um Erholung und Energiegewinnung. Das vegetative Nervensystem wird auch als autonomes Nervensystem bezeichnet, da es selbstständig funktioniert und u. a. Herzschlag und Atmung, aber auch den Verdauungsvorgang autonom reguliert.

Mit der täglichen Mantra-Meditation können Sie Ihr Denken und Fühlen positiv beeinflussen. Negative Ereignisse verschwinden zwar nicht – Sie lernen jedoch zu entscheiden, wie Sie darauf reagieren wollen.

Mantras – positiver Einfluss auf Denken und Fühlen

Die Wirkung von Mantras kann unsere Art, die Dinge zu sehen und zu bewerten, begünstigen. Sie verbessern unsere Stimmung und fördern positives Denken. So haben sie sogar das Potenzial, uns aus der Depressivität zu befreien. Wiederholt gesungen, gesprochen oder angehört, erinnern uns Mantras an unsere höheren Lebensziele und an den eigentlichen Sinn des Lebens. Aspekte, die das seelische Wachstum fördern, gewinnen an Bedeutung. Werte wie Mitgefühl und Ehrlichkeit – auch gegenüber uns selbst – treten in den Vordergrund. Diese Rückbesinnung auf die wichtigen Werte hilft, Dinge gelassener zu sehen. So wiederum bekommt man belastende, krank machende Emotionen besser in den Griff.

»Jeder soll sich selbst durch sein inneres göttliches Selbst erheben und sich nicht entwürdigen, denn jedem ist sein eigenes Selbst sein Freund und auch sein Feind.«
»Bhagavat Gita«, Kapitel 6, Vers 5

Durch Willenskraft beeinflussbar

Wir sind den Fehlsteuerungen des vegetativen Nervensystems nicht hilflos ausgeliefert. Gerade diese autonomen Prozesse kann man beeinflussen. Viele Yogis beispielsweise können dank bestimmter Meditationstechniken Atmung und Herzfrequenz durch Übung und mittels ihrer Willenskraft steuern. Manche reduzieren ihre Körperfunktionen auf das

Mindestmaß und führen so einen todesähnlichen Zustand herbei. Bei den Rishis und Munnis, den Weisen im alten Indien, war das eine bekannte Praxis. Unter der Erde eingegraben, konnten sie so einige Tage überleben. Das macht deutlich, dass der Mensch kraft seines Willens und seiner Fähigkeit der absoluten Konzentration Geist und Körper perfekt kontrollieren kann.

Kaum ein normaler Mensch wird danach streben, seinen Körper so zu beherrschen wie ein Yogi. Aber es ist auch schon einiges wert, wenn man seine Gedanken beruhigen und krank machende Emotionen durch gute Gefühle ersetzen kann. Neben der Selbstkontrolle gibt es auch andere Eigenschaften, die für unsere Grundhaltung und Stimmung förderlich sind. Die Anwendung von Mantras kann helfen, diese Fähigkeiten zu wecken oder überhaupt erst zu entwickeln.

»Die Sinnesorgane stehen über dem übrigen Körper, das Gemüt ist subtiler als die Sinnesorgane, die Vernunft steht über dem Gemüt, noch erhabener als die Vernunft ist die Seele.«
»Bhagavat Gita«, Kapitel 3, Vers 42

Mit Vernunft negative Emotionen überwinden

Viele Menschen fühlen sich ihren negativen Emotionen ausgeliefert, was großes seelisches Leid verursacht. Selbstreflexion und Besinnung auf sich selbst geben dem Mensch das Gefühl zurück, die Dinge unter Kontrolle zu haben, nicht hilflos zu sein, auch die Emotionen selbst zu steuern. Die Anwendung von Mantras kann Selbstbesinnung und Selbstverwirklichung des Menschen fördern und Körper und Geist zur Ruhe bringen – sofern er das will.

Menschen gleichen sich zwar anatomisch gesehen weitgehend, reagieren aber in verschiedenen Situationen sehr unterschiedlich. Während sich der eine schon beim kleinsten Anlass aufregt, bleibt der andere seelenruhig. Was sich der eine schwer zu Herzen nimmt, ist etwas, worüber der andere nur lachen kann. Wahrscheinlich liegt dies daran, dass manche subtilen Vorgänge individuell unterschiedlich gesteuert werden. Und das wiederum hängt davon ab, wie bewusst uns diese Vorgänge sind. Mit der Bewusstwerdung kommen auch die Kräfte der Vernunft zur Geltung. Sie können kontrollierend oder analysierend ins Geschehen eingreifen und somit die zerstörerische Kraft der negativen Emotionen abpuffern. Diese Distanz erlaubt es uns auch, souveräner mit den Dingen umzugehen. Mithilfe der beruhigenden Wirkung von Mantras kann man etwas Abstand von der negativen emotionalen Bewertung nehmen und die Vernunft leichter als ausgleichende Kraft einsetzen. Das gelingt dem einen leichter als dem anderen – versuchen sollte es aber jeder.

Mit Mantras arbeiten

Ich werde häufig gefragt, welches Mantra für die betreffende Person geeignet und welches bei einer bestimmten Krankheit das richtige ist. Oder ob es für Männer und Frauen, junge und alte Menschen unterschiedliche Mantras gibt.

Meiner Ansicht nach stehen derartige Kategorien oder spezifische Wirkungen nicht im Vordergrund. Wichtig ist vor allem, dass das Mantra eine gewisse Anziehung auf uns ausübt, dass uns die klangliche Schwingung anspricht und etwas in uns auslöst. Denn dann verweilen wir gerne dabei und wollen mit ihm üben. Wenn der Inhalt des Mantras eine Grundwahrheit für uns ausdrückt, die wir uns jederzeit vergegenwärtigen möchten und mit der wir unser Bewusstsein verbinden können, sind die Voraussetzungen für eine gute, dauerhafte Beziehung gegeben.

Ein Mantra kann Sie auf einem langen Lebensweg begleiten und eine große Hilfe sein. Sie sollten ihm daher immer mit Achtung begegnen und es wie einen geistigen Schatz behandeln. Es hat die Kraft, Sie in tiefe persönliche Ebenen zu begleiten, daher braucht es Ihr Vertrauen. Aus diesem Grund ist es wichtig, Mantra-Gesänge in einer guten Atmosphäre zu singen oder zu hören. Denn dieses Umfeld prägt auch die Art, wie Sie die Mantras längerfristig wahrnehmen.

Alle Mantras haben zunächst eine allgemein beruhigende Wirkung. Darüber hinaus können sie sich aber auf einer anderen Ebene hinsichtlich ihrer Inhalte, ihres Klangs und des Lebensbezugs unterscheiden. Einzelne Mantras können auf der Grundlage des jeweiligen Anliegens ausgewählt werden. Am besten verlassen Sie sich bei der Auswahl eines Mantras auf Ihr Gefühl.

Auswahl eines Mantras

Wenn Sie damit beginnen wollen, Mantras anzuwenden, probieren Sie zunächst am besten verschiedene aus. Im Kapitel »Beispiele für Mantras« (siehe S. 75ff.) finden Sie eine Auswahl an Mantras und bestimmt eines, das Sie anspricht. Ich empfehle Ihnen, sich ein persönliches Mantra als Grundlage zu suchen, mit dem Sie immer wieder arbeiten können und das sich gut wiederholen lässt. Sie werden merken, wenn Sie das richtige Mantra für sich gefunden haben. Darüber hinaus kann man auch mit mehreren Mantras arbeiten, die den verschiedenen Bedürfnissen und Stimmungen entsprechen oder bei einem konkreten Anliegen, etwa bei Krankheit, helfen. Für den Anfang ist es aber gut, sich auf eines zu konzentrieren, um ein Gefühl für die Arbeit mit Mantras zu bekommen.

Mit einem kurzen Mantra beginnen

Wenn Sie ein Mantra gefunden haben, das Ihnen klanglich und inhaltlich gut gefällt, können Sie es feierlich mit Licht und Blumen einweihen. Nehmen Sie sich vor, das Mantra fortan in Ihr tägliches Leben zu integrieren.

Ich empfehle Ihnen, zunächst mit einem kurzen Mantra zu beginnen, das Sie sich gut merken können, beispielsweise »Hari Om, Om Namo Narayanaya« oder »Namo Baghavate Vasudevaye«. Wiederholen Sie es in verschiedenen Variationen, ohne dabei die geistige Verbindung zu seinem Inhalt zu verlieren.

Wenngleich es sich in diesem Buch um Mantras in Sanskrit handelt, so können Sie sich auch ein Mantra in einer anderen Sprache suchen. Mantrische Worte oder Sätze gibt es in fast allen religiösen Kulturen der Welt. Wenn Sie sich eines aus einer anderen Quelle aussuchen, können Sie mit der entsprechenden Aufmerksamkeit eine ähnliche Wirkung erzielen. Mantras sollte man in ihrer Originalsprache gebrauchen, da in übersetzter Form nicht nur ihre Originalität, sondern auch ihre Schwingungs- und Resonanzkraft verloren geht.

Wenn Sie bereits Erfahrungen mit Mantras haben, können Sie auch mit einem etwas längeren arbeiten. Dafür sind auch meine neu entstandenen Mantras sehr gut geeignet, beispielsweise »Sada Varenyam ...« oder »Jyotir Brahman ...«; Sie finden die Mantras in voller Länge auf Seite 93 und Seite 92. Die Bedeutung dieser Mantras ist überkonfessionell. Sie haben einen mystischen Inhalt und sind transpersoneller Natur.

Die Auswahl eines Mantras kann auch inhaltlich begründet sein. Viele verbinden mit der Anwendung einen bestimmten Wunsch oder eine Bitte und hoffen auf eine Verbesserung ihrer Situation. Einige bitten um Heilung, Wohlstand, ein erfülltes Leben. Andere nutzen es, um sich besser zu konzentrieren, ihre Gedanken und Gefühle zu reinigen oder mit sich selbst in Einklang zu kommen.

Sehr zu empfehlen ist es, Mantras nach körperlicher Anstrengung oder Bewegung anzuwenden, wenn man das Bedürfnis danach hat, sich auszuruhen. Auf diese Weise kann man das körperliche mit dem geistigen Ruhen verbinden.

Wann werden Mantras angewendet?

Man kann Mantras grundsätzlich immer anhören, singen oder sprechen. Jeder muss für sich selbst die Zeit finden, die für ihn passt, sei es früh oder spät oder mitten am Tag. Ich rate dazu, sich eine feste Zeit dafür einzurichten, das erleichtert die regelmäßige Anwendung und die Integration in den Alltag. Nehmen Sie sich mindestens fünfzehn Minuten Zeit für die regelmäßige Übung und Kontemplation, damit das Gemüt sich darauf einstellen und die Wirkung sich entfalten kann.

Setzen Sie sich bequem hin oder strecken Sie sich auf dem Sofa oder auf einer bequemen Unterlage auf dem Boden aus und geben Sie sich lauschend den Mantra-Gesängen hin. Nehmen Sie sich Ihre Zeit allein dafür, konzentrieren Sie sich darauf und vermeiden Sie es, dabei zu sprechen oder anderen Gedanken nachzuhängen.

Die meisten beginnen mit Mantras zu arbeiten, indem sie sie anhören. Wenn ihnen das gefällt, beginnen sie mit der Zeit von selbst, Mantras zu singen. Ob Sie sie anhören, leise sprechend wiederholen oder singen: Sämtliche Arten der Anwendung haben ihre eigenen Qualitäten.

Arten der Wiederholung

Die Arbeit mit Mantras ist eine einfache, praktische und sehr effektive Methode, die keine besonderen Anstrengungen oder Hilfsmittel benötigt. Mantras können auf verschiedene Weise angewendet werden: durch gedankliche Wiederholung, Aussprechen, Anhören oder Singen. Es gibt auch Menschen, die ihr Mantra immer wieder aufschreiben. Jede dieser Formen der Anwendung spricht die Menschen auf unterschiedliche Weise an. Entscheidend ist die emotionale Verbindung.
Jeder kann diese Wiederholung, im Sanskrit Japa genannt, entsprechend seiner Veranlagung oder seiner Situation für sich wählen. Sie können auch die verschiedenen Arten der Repetition für sich nutzen. Machen Sie das von der Situation oder Ihrer Stimmung abhängig. Und spüren Sie nach, wie Sie Zugang zu den Mantras finden.

Diesen Felsen in der Everest-Region in Nepal ziert das wiederholte Mantra »Om Mani Padme Hum«.

Durch Singen oder wiederholtes Sprechen von Mantras rufen wir die heilige Kraft herbei. Dabei ist vor allem eines wichtig: Das Mantra soll durch Anziehung, nicht durch Anstrengung erreicht werden. Die Seele muss hingebungsvoll werden, dann wird sie von den Mantras angezogen.
Mit einem Mantra geht man den Weg des Klangs. Wenn man es mit der Kraft des Geistes erfüllen kann, so ist es mehr als ein Wort: Es wird Ausdruck dessen, was es symbolisiert. Ein Mantra ist ein seelisches Erlebnis von großer emotionaler Qualität. Dieser Effekt ist beim Sprechen und Hören und auch beim Singen unmittelbar spürbar. Der Klang erreicht uns emotional und führt uns durch die Meditation. Dabei geht es darum, eins zu sein mit dem Mantra, es absichtslos und mit Inbrunst zu verwirklichen. Das Mantra muss zum Mantra werden. Es muss sich realisieren.

»Der Geist ist kein Schiff, das man beladen kann, sondern ein Feuer, das man entfachen muss.«
Plutarch

Sich über das Gehör mit den Mantras vertraut machen

Um sich erst einmal mit Mantras vertraut zu machen, rate ich Ihnen, zunächst Hörerfahrungen zu machen. Versuchen Sie, bereits vorhandene Gesänge vorbehaltlos anzuhören und in sich aufzunehmen.

- Was bewirkt Mantra-Gesang bei mir?
- Was habe ich dabei für ein Erlebnis?
- Fühle ich mich wohl damit?

Denken Sie daran, dass die Dinge Zeit brauchen. Zeit, um Gewohnheiten abzulegen, Fremdheitsgefühle zu überwinden und neue Hörgewohnheiten zu entwickeln. Genau so können Sie beim Singen vorgehen. Stellen Sie sich folgende Fragen, wenn Sie die Mantra-Gesänge selbst singen:

Je nach momentaner innerer Verfassung kann derselbe Mantra-Gesang unterschiedliche Wirkungen entfalten.

- Spricht mich das Mantra an?
- Fühle ich mich wohl damit?
- Tut es mir gut?

Wenn Sie diese Fragen bejahen können, dann ist der Mantra-Gesang das Richtige für Sie. Wenn Sie sich im Herzen angesprochen fühlen, können Sie die Gesänge hören oder singen, die Stimmung empfangen und in sich aufnehmen. So können Sie herausfinden, welche Art der Anwendung für Sie am besten geeignet ist. Versuchen Sie, Ihre Erfahrungen zu vertiefen. Anfangs ist es sicherlich nicht ganz leicht, sich die ungewohnten Sätze

Musik – Universalsprache mit Heilwirkung

Musik und Gesang übten schon immer eine große Anziehungskraft auf die Menschen aus. Singen war ein Ritual, man sang um der Schönheit willen, um die Arbeit zu erleichtern, um etwas zu ehren. Musik hat ihre eigene Sprache, sie wird auf der ganzen Welt verstanden. Sie kann unsere Seele tief im Inneren berühren und zum Schwingen bringen. Sie kann uns in andere Welten entführen, neue Dimensionen eröffnen. Wir können Empfindungen spüren, die wir aus unserer alltäglichen Welt nicht kennen.

Spiritueller Gesang öffnet das Tor zu seelischen und geistigen Sphären und kann heilsam sein. »Krankheit ist die Störung der seelischen Harmonie und somit ein musikalisches Problem«, sagte schon Novalis. Heilung bedeutet Wiederherstellung der Harmonie durch Musik und Gesang. Diese Ansicht teilt die heutige Medizin: Musiktherapie wird mittlerweile in zahlreichen Krankenhäusern ergänzend zur medizinischen Behandlung eingesetzt. So kann Musik uns beruhigen, uns traurig machen und Erinnerungen wachrufen. Alzheimerpatienten erinnern sich an längst vergessen geglaubte Ereignisse aus ihrer Kindheit und Jugend, wenn bestimmte Melodien erklingen.

Durch den Gesang wird die Anziehungskraft eines Mantras verstärkt, das spirituelle Erleben wird intensiviert. Lauschen wir dem Mantra-Gesang, so erklingt, eingebettet in Musik, in einem einzigen Wort oder Satz das Göttliche. Unsere Seele schwingt mit, tritt mit dem schöpferischen Ursprung in Verbindung und lässt sich davontragen.

Musik und Heilgesänge gehörten in religiösen Kulturen stets zusammen. Früher waren Heiler und Priester oft ein und dieselbe Person. In der Antike brachte man die Patienten in den Tempel und versetzte sie mithilfe heiliger Gesänge, Klänge und Heilsprüche in den sogenannten Tempelschlaf, um Krankheit zu heilen und die Gesundheit zu fördern.

»Wo die Sprache aufhört, fängt die Musik an.«
E. T. A. Hoffmann

»Die Musik heilt die Seele auf dem Wege über den Körper; die Musik aber auch den Körper auf dem Wege über die Seele.«
Giovanni Pico della Mirandola

und Silben zu merken. Diese Schwierigkeit können Sie lösen, wenn Sie beim Zuhören hin und wieder den dazugehörigen Text mitlesen. Sie werden merken, dass es gar nicht so schwer ist, auch die längeren Mantratexte mitzusingen.

Kontemplatives Anhören

Das Anhören ist eine wichtige Art der Anwendung. Dabei verfolgt man schweigend innerlich die Melodie und verbindet sich gedanklich mit dem Mantra. Dem innerlichen Mitsingen folgt oft nach einer Weile das hörbare Mitsingen. Wer seine Hemmungen abbaut, merkt, wie er sich dem Gesang öffnet.

Das wiederholte Anhören eines Mantras ist zunächst eine gute Möglichkeit der Anwendung. Auch das Hören ist ein aktiver Vorgang, bei dem die Seele auf das spirituelle Erleben eingestimmt wird. Wir sind dabei kontemplativ beteiligt, können uns öffnen, lauschen und empfangen. Sonst gibt es wenig, worauf wir achten müssen. Während man das Mantra anhört, wiederholt man innerlich das Gehörte.

Ich selbst höre mir oft Mantras an und fühle mich dabei in den Klang und seine Stimmung ein. Das Anhören der Mantra-Gesänge hat den Vorteil, dass man manchmal viel tiefer in den meditativen Zustand versetzt wird. Man kann dem Klang in andere Welten folgen, ohne ihn selbst produzieren zu müssen. Man kann in aktiver Kontemplation genießen und sich in eine freudige Stimmung versetzen lassen. Das Loslassen fällt beim Zuhören meist viel leichter. Wenn ich völlige Entspannung suche, singe ich nicht selbst, sondern lausche den Gesängen. Ganz praktisch gesehen, gibt es im Alltag auch mehr Gelegenheit, die Gesänge anzuhören, als sie selbst zu singen.

Vor der tatsächlichen Umsetzung einer Handlung steht die gedankliche Absicht. Allein das Vorhaben setzt Potenziale im Gehirn frei und aktiviert das Gehirn. Somit vollzieht sich die Handlung schon in subtiler Weise, ehe sie ausgeführt wird. Konzentriert man sich mit seinem ganzen Geist auf das Hören von Gesängen und singt innerlich mit, ist es fast so, als habe man selbst gesungen.

Mantras selbst singen

Wenn uns die Musik, die wir hören, anspricht, weckt sie das Bedürfnis mitzusingen. Das lässt sich sehr gut bei Kindern beobachten. Singen macht glücklich, es ruft eine freudige Stimmung hervor. Wenn wir singen, kommt die Musik unmittelbar aus uns selbst, unser Körper ist das Instrument, der Resonanzboden. Wir spielen es, indem wir Verstand und Gefühl, Stimme und Atmung einsetzen. Dabei werden auch zahlreiche Muskeln aktiviert. Beim Singen bilden Geist, Körper und Seele eine Einheit.

Den selbst erzeugten Klang hören wir zugleich durch unser inneres und unser äußeres Ohr. Durch Einsatz unserer eigenen Stimme erleben wir die Resonanz von innen heraus und somit intensiver als beim Zuhören.

Das Ohr

Unser Leben ist von Tönen und Klängen geprägt. Von überall her schallt es aus Lautsprechern, in der Stadt ist der Verkehr nicht zu überhören: Wir haben zu viel um die Ohren. Das Nervensystem wird überflutet, das Gehör schlechter, allgemein nehmen Hörstörungen zu. Viele Menschen filtern nicht oder kaum, was sie ihren Ohren zumuten, und nehmen diese paradoxerweise erst dann wieder wahr, wenn sie nicht mehr funktionieren oder die Geräusche von innen kommen, etwa beim Tinnitus.

Das Ohr ist ein äußerst sensibles Organ und das einzige, das in Knochen eingebettet ist. Es gehört zu den Sinnen, die sich schon im Embryonalstadium entwickeln. Schon im Mutterleib nimmt ein Kind Töne wahr. Hören ist eine sehr subtile Form der Wahrnehmung. Neben seiner Aufgabe zu hören steuert das Gehör auch den Gleichgewichtssinn und balanciert unsere Position im Raum. Beide Funktionen sind auf das Engste miteinander verknüpft. Unsere seelische Verfassung, Gleichgewicht und innere Harmonie werden durch das Hören oder Singen mit erzeugt und bestimmt. Das liegt nicht zuletzt daran, dass die Hörzentren im Gehirn eng mit dem Limbischen System (siehe S. 35f.), also mit unseren Emotionen, verbunden sind.

Die Heilkraft der Mantras findet ihren Weg über das Ohr. Der Klang beeinflusst das vegetative Nervensystem und wirkt so auf den gesamten Körper. Beim Zuhören muss man die Klänge dann nur aufnehmen und nichts aktiv dafür tun.

Die fühlbare Schwingung, die alles in unserem Körper zum Vibrieren bringt, wird durch die feinen Bewegungen unserer Stimmbänder ausgelöst. Im Gesang kommen wir unserem Selbst nahe, weil wir aus uns selbst heraus klingen. Das löst uns von den Einflüssen der äußeren Welt und schenkt uns Freiheit. Mantra-Gesänge sind Gesänge der Seelenwelt, die den Menschen tief in seinem Herzen ansprechen und ihn buchstäblich zum Klingen bringen.

Mantra-Gesang berücksichtigt unsere religiösen, geistigen und seelischen Bedürfnisse und bereitet schon allein deshalb Freude, wenn er gesungen wird. Er besingt die Schöpfung und preist die Schöpfungskraft. Er drückt Dankbarkeit aus und motiviert zum wiederholten Singen.

Ohne Gesang verlieren wir die Harmonie mit uns und der Natur. Mantra-Gesang kann im wirklichen Sinne eine Musiktherapie sein, weil er zugleich ein Gebet ist und unseren spirituellen Sinn weckt. Auf diesem Weg regt er die Selbstheilung in unserem Körper an. Jedes Lebewesen

Entdecken Sie den Gesang der Natur – den harmonischen und beruhigenden Klang des Regens beispielsweise, wie er sanft über ein Meer von Blüten streicht.

und alles, was ist, hat seinen Gesang: das Laub, das trocken raschelt, wenn wir hindurchlaufen; der Regen, wenn er auf die Dächer trommelt; der Wind, der mal flüstert, mal tost.

Seien Sie nicht zu kritisch mit sich selbst

Beim Selbstsingen kommt neben dem gleichzeitigen Hören des gesungenen Mantras noch die sensorische Wahrnehmung und Steuerung des Gesangs hinzu, was die Feinmotorik der Stimme und die Atemregulation trainiert.

Sämtliche Resonanzräume im menschlichen Körper, in Kopf, Hals, Brust, Becken und Bauch, schwingen beim Singen mit. Wird ein Mantra gesungen oder gesprochen, wird der Klang durch den Luftstrom des Atems erzeugt, der die Kehlkopfsegel in Schwingung bringt. Als Resonanzkörper dient unser ganzer Brustkorb, von ihm aus werden die Schwingungen auf das Gewebe, die Körperflüssigkeiten und die Knochen übertragen. Wenn Sie Ihre Hand beim Singen auf die Schädeldecke legen, können Sie die Schwingung spüren. Mantra-Gesänge können Ihnen auch helfen, Ihre Freude am Singen (wieder) zu entdecken.

Die Wiederholung der einfachen Sätze macht es auch ungeübten Sängern leicht, sich darauf einzulassen. Seien Sie also nicht zu kritisch mit sich selbst, und erlauben Sie sich eine entspannte Annäherung an diese Form der Spiritualität. Es kommt auf die geistige Haltung an, nicht auf die perfekte Stimmbildung!

Trotz aller Vorzüge des Singens ist einschränkend zu sagen, dass man dabei bisweilen so sehr mit Atmung und Stimmerzeugung beschäftigt ist, dass die völlige meditative Hingabe nicht immer gelingt.

Instrumentelle Begleitung des Mantra-Gesangs

Man kann Mantra-Gesänge auch selbst begleiten. Dazu eignen sich die indischen Instrumente Tanpura oder ein Swarmandal. Der Resonanzkörper der Tanpura besteht aus einem Kürbis. Beim Spielen der in der Regel vier Saiten entsteht ein obertonreiches Klangfeld um den Grundton, weshalb Sie dieses Instrument relativ unbekümmert spielen und sich trotzdem auf den Gesang konzentrieren können. Das Mantra-Singen bereitet so zusätzlich Freude, zudem ist die Tanpura ein guter Begleiter, an dem man sich immer orientieren kann. Mit der Swarmandal steht dem Spieler ein großes Klangspektrum zur Verfügung. Zudem ist dieses Instrument relativ einfach zu spielen.

Vor kurzem hat ein indischer Instrumentenhersteller eine elektronische Swarmandal auf den Markt gebracht, bei der die einzelnen Saiten nicht manuell gestimmt werden müssen. Sie können passend zu Ihrer Stimme einen Klangteppich erzeugen oder einzelne Töne auf Ihren Gesang niederregnen oder wie Sterne aufblitzen lassen.

Herz und Bewusstsein für das Mantra öffnen

Die verschiedenen Kräfte und Erkenntnisse, die bei der Anwendung der Mantras freigesetzt werden, sind schon zuvor latent in unserem Bewusstsein vorhanden. Die Realisierung eines Mantras ist im Grunde eine Selbstverwirklichung, die sich in uns vollzieht. Ein Mantra setzt lediglich den Prozess in Gang. Daher muss bei der Mantra-Meditation eine Verbindung zum Herzen und zum Bewusstsein bestehen, um das Mantra zum Leben zu erwecken. Es reicht nicht, allein ein Mantra zu *haben*, man muss es sich *erarbeiten*.

Ein Mantra erwacht in uns erst durch die Verbindung des Geistes. Ist es einmal entstanden, existiert es fortan – zumindest in unserer Erinnerung. Man kann weiter damit arbeiten, seiner gedenken und versuchen, es erneut zum Leben zu erwecken. Dies tut man durch dauernde Wiederholung. Allerdings gelingt die Realisierung nicht immer. Wann und ob wir eine solche wieder erleben, ist ungewiss. Aber es hilft, wenn wir täglich unsere Aufmerksamkeit auf ein Mantra richten, sodass es ein natürlicher Bestandteil unseres Lebens wird. Dann können wir die Kräfte der Mantras auch mobilisieren, wenn wir sie brauchen.

Die Realisierung eines Mantras ist ein besonderer Moment. Dieses Erlebnis reiner Glückseligkeit kann einen zum Weinen bringen. Lassen Sie das zu, wenn es so kommt – es ist der Ausdruck der tiefsten innersten Gefühle, mit denen Sie dabei in Berührung gekommen sind. Wenn das Mantra sich realisiert hat, gibt es uns in tausendfacher Weise das wieder, was wir ihm an Zeit und Aufmerksamkeit geschenkt haben.

Singt man mit Kontemplation, kommt alles im Menschen in Einklang: Gedanken und Wille, Stimme und Atem. Dies löst uns von den Einflüssen der äußeren Welt und schenkt uns das erhabene Gefühl der Freiheit.

Mantra-Anwendung im Alltag

Mantras kann man in allen Lebenssituationen anwenden. Nur durch die Integration eines Mantras in die täglichen Handlungen wird die Anwendung zur Selbstverständlichkeit und somit brauchbar, wenn es notwendig ist. Auch bei der Arbeit und in Pausen kann man ein kurzes Mantra wie das »Hari Om« in Gedanken oder leise aussprechen oder singend wiederholen – insbesondere wenn man dabei allein ist. Oft fällt einem dann die Arbeit leichter, man kann sich besser konzentrieren und Widerstände überwinden. Man fühlt sich einfach wohler und geistig erfüllt.

Ich selbst singe Mantras oft bei der Gartenarbeit. Auf diese Weise kann ich mit den Händen die notwendige Arbeit tun und zugleich den Geist mit der Bewusstseinskraft und dem Inhalt eines Mantras verbinden. Zudem kann man die Dinge mit guten Schwingungen versehen, mit denen man sich gerade beschäftigt. Wenn Sie spazieren gehen, joggen, Rad fahren oder schwimmen, können Sie das Mantra im Rhythmus zur äußeren Bewegung wiederholen. Man kann in der Freizeit viel Freude damit haben, denn man erlebt diese Zeit intensiver und erholt sich besser.

Je öfter Sie ein Mantra wiederholen, desto tiefer dringt es in das Bewusstsein. Dies bedeutet nicht unbedingt, eine bestimmte, festgelegte Zahl erreichen zu müssen. Vielmehr kommt es auf die innere Verbindung mit dem Mantra an.

In fast allen Situationen

Bei schwerer körperlicher Tätigkeit, beim Bedienen von Maschinen oder auch bei intellektueller Denkarbeit, die unsere gesamte Aufmerksamkeit erfordert, ist die Mantra-Praxis weniger gut umsetzbar. Doch selbst da gibt es Momente oder Pausen, die eine Mantra-Übung ermöglichen. Damit lassen sich Hektik und Stress vermeiden.

Auf kürzeren Autofahrten können Sie Mantra-Gesänge anhören – etwa auf dem Weg zur Arbeit oder auf dem Heimweg. Dabei kann man gut abschalten oder sich auf ein bevorstehendes Vorhaben einstimmen. Sogar zwischenmenschliche Konflikte können gemildert werden: Eine Frau berichtete mir, dass sie sich im Auto immer mit ihrem Mann gestritten habe. Seit sie die versöhnenden Mantra-Gesänge gemeinsam während der Fahrt zur Arbeit hören, herrscht Frieden.

Wegen ihrer beruhigenden Wirkung sollten Sie auf längeren Autofahrten allerdings keine Mantra-Gesänge im Hintergrund laufen lassen. Insbesondere dann nicht, wenn Sie übermüdet sind oder dazu neigen, bei beruhigender Musik einzuschlafen.

Medikamenteneinnahme mit Mantras begleiten

Viele Menschen sind auf die tägliche Einnahme von Medikamenten angewiesen. Das kostet sie oft große Überwindung und ist mit Zweifeln und Ängsten vor Nebenwirkungen – also mit einer gewissen Abneigung – verbunden. Doch auch hier ist die innere, emotionale Einstellung von großer Bedeutung.

Der Placebo-Effekt ist ein gutes Beispiel dafür: Medikamente zeigen selbst dann eine gewisse Wirkung, wenn sie gar keinen Wirkstoff enthalten. Allein der Glaube daran, ein heilsames Medikament eingenommen zu haben, führt bisweilen zu einer Linderung der Symptome. Aber auch umgekehrt ist es für die Heilung nicht förderlich, die notwendige Arznei mit einer negativen oder ablehnenden Haltung einzunehmen. Durch die Wiederholung eines Mantras vor der Einnahme kann man eine positive Einstellung schaffen. Mit dem bewussten Willen zur Genesung kann man einen zusätzlichen Heilungsimpuls an das Unterbewusstsein senden, was zugleich die Selbstheilungskräfte aktiviert.

Mantras gemeinsam mit Freunden anwenden

Mantra-Singen ist nichts, was man für sich allein zurückgezogen im stillen Kämmerlein tun muss. Mantra-Meditationen kann man auch gemeinsam mit Freunden und Bekannten genießen. Das kann große Freude bringen und ist eine sehr schöne Erfahrung.

Schließen Sie spirituelle Freundschaften, laden Sie Freunde zur Ruhe ein und üben Sie gemeinsam, Gedanken und Probleme loszulassen. Es ist motivierend und wertvoll, Erfahrungen mit anderen auszutauschen, und es kann auch ein Weg aus der sozialen Einsamkeit sein. Zudem können Sie dadurch einen äußeren Rahmen schaffen, an den Sie sich verbindlich halten können und der eine gewisse Regelmäßigkeit mit sich bringt, zu der Sie alleine vielleicht nicht kommen würden.

In den östlichen Kulturen ist das gemeinsame Singen von Mantras fester Bestandteil des sozialen Lebens.

Allerdings sollten Sie sich selbst erst einmal mit Mantras vertraut gemacht und ein Gefühl dafür entwickelt haben, ehe Sie mit anderen Menschen zusammen Mantra-Gesängen lauschen oder sie singen.

Für wen sind Mantras hilfreich?

Grundsätzlich kann jeder, der Interesse hat, Mantras anwenden: Menschen, die einen Ausgleich zu ihrem stressigen Alltag suchen, die unter körperlichen Beschwerden oder Ängsten leiden (siehe S. 55ff.), die einen Weg suchen, ihre Spiritualität musikalisch zu erleben, ihren Lebenssinn wiederzufinden oder ihre Trauer zu bewältigen.
Schwere psychische Erkrankungen, wie Schizophrenie oder endogene Depression in akuten Schüben bedürfen primär fachärztlicher Behandlung. Nach Abklingen der akuten Symptomatik können Mantras unterstützend bei der Therapie eingesetzt werden. Allerdings sollten die Patienten dabei nicht sich selbst überlassen werden. Von einer regelmäßigen Anwendung von Mantra-Gesängen unter therapeutischer oder familiärer Betreuung sind positive Wirkungen zu erwarten, weil sie beruhigend wirken. Bei Patienten mit allzu großer innerer Anspannung oder Agitiertheit ist die Anwendung von vornherein eingeschränkt, da sich die Betroffenen in einem solchen Zustand ohnehin kaum auf die spirituellen Inhalte einlassen können.

Sprechen Sie ein Mantra möglichst nicht gewohnheitsmäßig oder mechanisch, ohne dass Sie das Bewusstsein darauf richten.

Der persönliche Nutzen

Ob Mantras persönlich hilfreich sind, kann man erst beurteilen, wenn man eigene, vorurteilsfreie (Hör-)Erfahrungen damit gemacht hat. Dazu braucht man natürlich einen Zugang zur Spiritualität. Ich bin Menschen begegnet, die glaubten, mit Spiritualität nichts anfangen zu können, und deren Einstellung sich änderte, als sie zufällig mit Mantra-Gesängen in Berührung kamen.
Man muss aber auch Gelegenheit haben, Mantra-Gesänge kennen zu lernen. Eines Tages bekam ich Post von einem Herrn aus Japan, der zufällig in einem Hotel in Sri Lanka eine von mir gesungene Aufnahme von einer Deutschen zum Anhören bekommen hatte. Er schrieb, dass dieser Gesang seine Seele berührt habe und er ihn, auch in Japan, nicht habe vergessen

Auf die innere Haltung kommt es an

In welchem Zusammenhang auch immer Sie Mantras anhören oder singen: Tun Sie es mit der entsprechenden hingebungsvollen inneren Haltung, und bleiben Sie sich der Inhalte des Mantras bewusst. Man sollte Mantras um ihrer selbst willen lieben und anwenden und sie nicht von vornherein mit einem Ziel und einer Absicht verbinden, oder sie gar als Mittel zum Zweck betrachten. Wenn sie uns in unserem Innern erreichen, lassen sich die Mantras mühelos und spontan wie von selbst wiederholen.

Bei Gebeten macht es einen großen Unterschied, ob sie nur einfach förmlich gesagt oder ob sie mit tiefer Andacht und Bewusstsein für den Sinngehalt »verwirklicht« werden. Durch die Reduktion auf das gesprochene Wort – im Gegensatz zum Gesang – haben Gebete heute viel von ihrem Reiz verloren. Auch in Indien werden Mantras oft einfach nur so dahingesagt, so wie auch hier die Menschen z. B. das Vaterunser herunterbeten. Die Erfüllung, Freude und Glückseligkeit, die sie ausdrücken, sind, derart auf das Wort reduziert, kaum erfahrbar. Spricht man Mantras oder Gebete einfach so daher, entfalten sie keine tiefere Wirkung. Dann haben sie allenfalls den Charakter eines Rituals.

Sie können Ihr Mantra auch vor oder nach einer täglichen Handlung ein oder mehrere Male laut oder in Gedanken wiederholen, etwa vor dem Schlafengehen oder nach dem Aufwachen, bevor Sie etwas trinken oder vor dem Essen. Durch solche Rituale erinnern Sie sich regelmäßig an Ihr Mantra.

können. Er hatte in sämtlichen Läden nach der Musik gesucht, fand aber erst über das Internet meine Adresse und damit die Möglichkeit, sie zu bestellen. Er bedauerte, dass diese Musik nicht weiter verbreitet sei, da sie doch vielen Menschen in der Welt guttun könne.

Ein anderes Beispiel dafür, wie Mantras zumindest Einzelnen helfen können, ist das folgende: Vor einigen Jahren war ich bei Jürgen Fliege zu einer Fernsehsendung mit dem Thema »Wenn Gebete heilen« eingeladen. Dort sang ich auch ein kurzes Mantra. Die Resonanz auf diese Sendung war überwältigend. Es meldete sich beispielsweise ein Mann, dessen Mutter seit langer Zeit trotz ärztlicher Behandlung unter Depressionen litt. Er bat mich um Rat, woraufhin ich ihm empfahl, regelmäßig gemeinsam mit der Mutter Mantra-Gesänge anzuhören. Nach einiger Zeit meldete er sich wieder und berichtete, wie gut die Gesänge seiner Mutter getan haben. Allmählich sei es ihr immer besser gegangen. Sie habe in den Mantra-Gesängen wieder Ruhe und Freude erfahren und zu einem normalen Leben zurückgefunden.

Anwendungsbereiche

Selbstheilungskräfte freisetzen

Wir wenden Mantras an, um einen meditativen Zustand zu erreichen. Meditation bedeutet ein Höchstmaß an Entspannung; sie erweitert das Bewusstsein, wodurch uns eine Innenschau möglich wird. Dem gesunden Menschen hilft die Mantra-Anwendung – neben der Tatsache, dass sie die Spiritualität pflegt, die an sich schon ein Schutzfaktor ist –, die innere Harmonie zu erhalten und somit gesund zu bleiben.

Die Mantra-Anwendung als Form der gelebten Spiritualität ist für sich genommen schon heilsam und wohltuend. Demjenigen, der seine Harmonie aus irgendeinem Grund verloren hat oder krank ist, können Mantras aber ebenso helfen, indem sie die Selbstheilungskräfte mobilisieren und das seelische Gleichgewicht wiederherstellen. Das gilt auch in den Fällen, in denen chronisch oder unheilbar Kranke selbst mit medizinischer Hilfe mit ihrer Krankheit leben müssen. Jede Krankheit hat auch eine psychische Komponente, die eine große Rolle dabei spielt, wie man die Krankheit verarbeitet. Denn oftmals kommt zur eigentlichen Krankheit eine depressive Verstimmung hinzu – etwa die Frage, warum man an dieser Krankheit leiden muss. Dann hat der Betroffene ein zusätzliches Problem: Eine negative Grundstimmung verhindert ein gutes Voranschreiten des Heilungsprozesses.

Mantras wirken über Seele und Geist auf den Körper ein und können somit erheblich dazu beitragen, eine körperliche Erkrankung zu bewältigen.

Nicht auf medizinische Hilfe verzichten

Einmal kam nach einem Konzert eine Frau auf mich zu, die Brustkrebs hatte und auf eine Heilung durch Mantras hoffte. Obwohl der Arzt ihr zur Operation geraten hatte, wollte sie sich nicht operieren lassen. Ich legte ihr nahe, auf jeden Fall dem Rat ihres Arztes zu folgen und sich der Operation zu unterziehen.

Organische Ursachen müssen ärztlich behandelt werden; darüber hinaus gibt es jedoch vieles, was ein Mantra zum Genesungsprozess beitragen kann. Wo medizinische Hilfe möglich ist, nehmen Sie diese bitte auch in Anspruch! Wo die Medizin Ihnen nicht weiterhelfen kann, etwa bei der Bewältigung der Krankheit, sind Mantras hilfreich.

Mantras entfalten ihr heilendes Potenzial nicht augenblicklich. Ich lege Ihnen daher nahe, nicht erst anzufangen, mit Mantras zu arbeiten, wenn Sie auf ihre heilsame Wirkung angewiesen sind. Sie haben mehr davon, wenn Sie sich erst einmal frei von allen Absichten auf die Mantra-Meditation einlassen. Sobald Sie damit etwas vertraut sind, werden Sie die Mantras nutzen können, wenn Sie diese brauchen.

Wenn einen die Gedanken nicht schlafen lassen, dann muss man die Gedanken selbst zum Schlafen bringen.

Mantras für einen guten Schlaf

Zu einem gesunden Leben gehört ein guter Schlaf. Im Schlaf regeneriert sich der Körper, das Immunsystem erholt sich. Der gute Schlaf ist deshalb die Voraussetzung dafür, dass wir auf längere Sicht gesund sein können. Der Schlaf kommt, wenn Körper und Gedanken ruhen und uns das Bewusstsein für unseren eigenen Körper, aber auch das Bewusstsein für Raum und Zeit fehlt. Jeder, der an Schlafstörungen leidet, weiß, welche Strapaze es bedeutet, nicht zu ruhen. Die Nacht selbst wird furchtbar, und am nächsten Tag fühlt man sich wie erschlagen. Zieht sich das über eine längere Zeit hin, kann das Gefühl aufkommen, man stünde ständig neben sich, als nehme man nicht mehr wirklich am Leben teil. Darin zeigt sich die immense Bedeutung, die diese Ruhephase für unsere körperliche, aber auch für unsere seelische Verfassung hat. So heißt es auch in einer der heiligen indischen Schriften, den Upanishaden: »Im Schlaf ist der Mensch seinem Selbst am nächsten.«
Das Bewusstsein hat verschiedene Stufen (siehe S. 22). Die bekanntesten sind Wachzustand, Schlaf und Traum. Es gibt darüber hinaus eine höhere Stufe des Bewusstseins, die uns vom Wachsein in den Schlaf führt und uns auch wieder in den Wachzustand zurückholt. Diese höhere Instanz bleibt wach, während wir schlafen – und sorgt dafür, dass die autonomen Funktionen des Körpers, etwa Atmung und Herztätigkeit, unbeeinträchtigt weiter ausgeführt werden.

Das Bewusstsein, das über Wachen, Schlafen und Träumen steht, wird in den Upanishaden Atman oder wahres Selbst des Menschen genannt.

Ein- und Durchschlafstörungen

Sehr viele Menschen leiden unter Schlafstörungen und finden entweder gar keinen Schlaf, oder sie schrecken auf, weil sie schlecht geträumt haben. Wer Mühe hat, ein- oder durchzuschlafen, findet Ruhe beim

Anhören von Mantra-Gesängen. Diese Einbettung in die spirituelle Welt bestimmt die Qualität des Schlafs ebenso wie die der Träume. Wenn Sie Probleme mit dem Schlafen haben, probieren Sie es einmal aus.

Oft ist gerade der Gedanke, dass man unbedingt einen guten Schlaf braucht, schuld daran, dass man ihn nicht findet. Das geschieht besonders oft vor wichtigen Terminen, wenn man sich gerade wünscht, gut erholt zu sein. Man will unbedingt gut und schnell schlafen und hält krampfhaft an diesem Gedanken fest. Das Einschlafen wird aber tatsächlich erst in dem Moment möglich, in dem der Kopf eine Pause macht. Dreht sich unsere Aufmerksamkeit ständig um die Frage: »Wann schlafe ich endlich ein?«, bleibt dieser Moment aus. Indem wir ein Mantra innerlich wiederholen, lösen wir uns von dem Gedanken und können einschlafen. Das gilt auch in den Fällen, in denen Menschen nicht schlafen können, weil sie Angst vor Kontrollverlust haben. Denn nichts anderes bedeutet schlafen: die Kontrolle abgeben. Insbesondere die Mantra-Gesänge geben Ihnen das Gefühl, aufgehoben zu sein, und das hilft beim Loslassen.

Es gab Zeiten, in denen ich selbst auch große Schwierigkeiten hatte, abzuschalten. Wenn etwas Wichtiges für den nächsten Tag anstand, fand ich oft bis tief in die Nacht hinein keinen Schlaf – ich war überflutet von Gedanken, über die ich nicht Herr wurde und die mich am Ausruhen hinderten. Am nächsten Tag fühlte ich mich wie gerädert, mir fehlte die Erholung. Ich begann, vor dem Schlafengehen Mantra-Gesänge zu hören

Beim Ausruhen und Zu-sich-selbst-Kommen müssen auch die Gedanken schweigen. Gleiches gilt für die Nachtruhe. Wenn unsere Gedanken nicht zumindest für einen Augenblick innehalten, können wir nicht einschlafen.

Statt Wiegenlieder bedient sich in Indien manch eine Mutter des Mantra-Gesangs, um ihr Kind zu beruhigen und zum Einschlafen zu bringen.

und bekam die positive Wirkung bald zu spüren. Meine Gedanken verbanden sich mit diesen wohltuenden Klängen und gaben mir die Ruhe, die ich brauchte, um loszulassen. Fortan hatte ich keine Probleme mehr, einzuschlafen. Manchmal kommt es natürlich immer noch vor, dass trotz Mantra-Gesängen aus irgendeinem Grund der Schlaf etwas auf sich warten lässt. Aber man ist eben auch nicht immer gleichermaßen bereit dazu, oder man braucht etwas mehr Zeit, um die Mantras auf sich wirken zu lassen. Mantras und Mantra-Gesänge können über ihre schlaffördernde Wirkung hinaus die Qualität der Träume erheblich verbessern. Zudem empfinde ich es als eine sehr schöne Gewohnheit, den Tag mit Mantras zu beenden.

Viele Menschen lesen Krimis vor dem Einschlafen oder sehen fern. Dies ist jedoch nur eine weitere Art der Zerstreuung, wie wir sie schon tagsüber oft erleben. Mithilfe eines Mantras kann man den Tag bewusst abschließen und sich vor dem Einschlafen auf die Quelle seines Ursprungs sowie auf seine innere Welt besinnen.

Lassen Sie sich nicht von Ihren Gedanken beherrschen

In Konzerten habe ich gelegentlich beobachtet, wie manch ein Zuhörer nach kurzer Zeit einschlief und hinterher ganz erstaunt darüber war, weil er den Gesang doch so gerne hören wollte und ihn als überaus beruhigend erlebt hatte. Das ist genau der Effekt: Man sammelt seine Gedanken, es folgt ein Zustand der Gedankenlosigkeit – und in dieser unwillkürlichen Denkpause schlafen wir ein.

Viele meiner Patienten berichten, dass ihnen die Mantras sehr geholfen haben. Einer formulierte es so: »Dank der Mantra-Gesänge kann ich von dem Gedanken-Karussell abspringen und aufhören zu grübeln. Ich kann seither wieder ohne Schlafmittel schlafen und bin morgens ausgeruht.« Der positive, schlaffördernde Effekt der Mantra-Anwendung setzt allerdings nicht gleich bei der ersten Anwendung ein, sondern bedarf einer gewissen Zeit der Gewöhnung.

Albträume

Viele Menschen haben schlechte Träume, in denen sie immer wieder ihren tiefen seelischen Ängsten begegnen. Der Schlaf bietet ihnen keine Erholung, denn oft sind Albträume auch die Ursache von Durchschlafstörungen. Die Menschen werden vom Traum erschreckt und können – und wollen auch oft unbewusst – nicht wieder einschlafen. Ich habe selbst erfahren, dass das Hören von Mantras vor dem Einschlafen das Traumerleben verändert; mir hat es in vielen Nächten geheimnisvolle

Die Botschaft spiritueller Träume

Es gibt viele Arten von Träumen: Albträume, Wunschträume, Alltagsträume, Träume, die den Wachzustand der Seele widerspiegeln. Spirituelle Träume sind visionäre Träume und nehmen eine besondere Stellung ein. In der Bibel wird von prophetischen Träumen frommer Menschen gesprochen, die sich immer wieder bewahrheiteten. Darin wurden sie vor Gefahren gewarnt oder erhielten Ratschläge. Die Betroffenen nahmen diese ernst und befolgten das, was ihnen geraten wurde. Auch heutzutage kommt es vor, dass Menschen ihren Weg im Traum gewiesen bekommen oder Informationen für das alltägliche Leben erhalten. Manchmal handelt es sich dabei um Hinweise oder Lösungen für ein Problem, das im Wachzustand nicht gelöst werden konnte. Das Unbewusste arbeitet mit, wenn wir uns mit bestimmten Themen befassen. Und das spricht gern im Schlaf zu uns.

Im Traum können wir Lösungen finden, die uns im Alltagsbewusstsein nicht zugänglich sind. Die Kenntnisse liegen im Menschen selbst, sie eröffnen sich aber oft erst im Traum. »Das wäre mir im Traum nicht eingefallen!« – dieses Sprichwort unterstreicht das Wissen um die Kreativität, die im Traumgeschehen liegt. Hier spielt auch Intuition eine große Rolle. Intuition bedeutet, zum richtigen Zeitpunkt gefühlsmäßig das Richtige zu erkennen oder zu tun – das Wissen des Herzens oder das »Bauchgefühl«. Es kann uns im Traum begegnen, und auch der kontemplative Umgang mit Mantras kann intuitive Fähigkeiten fördern. Man wird durch Selbstbesinnung zum Beobachter seiner Gedanken und Gefühle, ohne sich darin zu verstricken. So kann man durch die Mantra-Meditation zur richtigen Entscheidung finden, auf die man durch logische Herangehensweise nicht kam. Ihr eigener innerer Ratgeber ist hierbei tätig geworden. Dies geschieht meist in Entscheidungssituationen. Große Entdeckungen wurden oftmals intuitiv gemacht. Auch Newton wurde durch einen Apfel, der vom Baum zu Boden fiel, zu seiner Gravitationstheorie inspiriert.

Der Chemiker August Kekulé hatte 1865, während er mit der Erforschung der Molekularstruktur des Benzols beschäftigt war und nicht zu einem Schluss kam, geträumt, dass eine Schlange sich in den eigenen Schwanz beißt. Er interpretierte den Traum richtig und fand auf diese Weise die Strukturformel des Benzols – er entdeckte den Benzolring. Erst über 100 Jahre später konnte seine Strukturformel im Raster-Tunnel-Modell bewiesen werden.

Träume beschert. Das liegt daran, dass das Bewusstsein sich vor dem Einschlafen mit schönen Inhalten beschäftigen kann. Zudem wird eine unterbewusste Verarbeitung angeregt, die uns von negativen Gedanken befreit.

Mantra-Gesänge erschließen neue Welten – ferne, exotische Welten wie das zauberhafte Indien ebenso wie innere Welten, zu denen wir möglicherweise den Zugang verloren haben.

Patienten, denen ich bei derartigen Störungen zum Anhören von Mantra-Gesängen geraten habe, berichteten, dass Albträume, die sie jahrelang begleitet hatten, nun nicht mehr auftraten.

Trauminhalte besser verstehen

Viele Menschen kennen erklärende Träume; allerdings nehmen sie diese oft nicht ernst. Im alltäglichen Wachzustand sind wir meist weit vom göttlichen Bewusstsein entfernt. Die materielle und technische Entwicklung schreitet rasant voran, das spirituelle Wachstum der Menschheit aber hinkt hinterher und spielt in der heutigen Gesellschaft kaum eine Rolle. Ebenso wie Emotionen wenig bedeuten und besser nicht gezeigt werden, misst man auch den Träumen keine Bedeutung bei, selbst wenn sie bei genauer Betrachtung eine Botschaft vermittelt hätten. Doch wenn Träume nur Schäume sind, wie der Volksmund sagt, hat man nicht richtig gelernt zu träumen. Viele Träume haben eine Bedeutung, die weit über die Geschehnisse des Alltags hinausreichen. Wer einen bedeutenden Traum hatte, wird ihn nicht mehr vergessen. Träume sind auch eine Quelle der Inspiration. Nicht umsonst rät man Mitmenschen, vor wichtigen Entscheidungen eine Nacht darüber zu schlafen. Auf diese Weise habe ich wiederholt geheimnisvolle und visionäre Träume erlebt, die für mich immer wieder eine Quelle der Lehre und Inspiration sind.

Hilfe bei Atemstörungen

Atem ist lebensnotwendig. Wir können tagelang leben, ohne zu essen, etwas weniger lang, ohne zu trinken – ohne Luft aber sterben wir nach wenigen Minuten. Atem ist ein Geschenk Gottes. Wie es in der Bibel heißt, kam Leben in Adam, als Gott ihm seinen Atem einhauchte. Auch medizinisch gesehen ist er überaus wichtig. Er ist für Oxidationsprozesse verantwortlich und somit für die Energieversorgung. Atem hält uns also im wahrsten Sinne des Wortes am Leben. Er versorgt unseren Körper mit Sauerstoff, den wir zur Verbrennung und Freisetzung von Energie brauchen. Zugleich scheiden wir über ihn Kohlendioxid als Rückstand aus. Die Atmung wird über einen Regelkreis gesteuert, der darauf reagiert, wie viel Sauerstoff unser Körper gerade braucht. Ständige interne Blutkontrollen melden den Bedarf an die Steuerelemente unseres Organismus weiter. Diese regulieren dann Atmung und Herzschlag. Die Atmung passt sich somit an die Situation an – bei Angst oder Fluchtbereitschaft z. B. atmen wir anders als beim Schlafen.

Eine noch größere Besonderheit der Atmung aber ist, dass sie partiell willentlich steuerbar ist. Und sie ist lernfähig: Körper und Geist können Atemverhalten erlernen und einüben. Das hat aber auch zur Folge, dass es in diesem komplexen Regelsystem zu Störungen kommen kann.

Beispielsweise ist die Angst vor Feuer eine natürliche Reaktion. Sie alarmiert unseren Körper und versetzt ihn in Fluchtbereitschaft. Die Atmung beschleunigt sich, um den Körper mit mehr Sauerstoff zu versorgen, damit wir weglaufen können. Das Gedächtnis merkt sich diesen Reflex – zumindest teilweise. So kann es aber in Angstsituationen passieren, dass sich der Körper daran erinnert, und die Atmung beschleunigt, auch wenn Flucht kein angemessenes Verhalten wäre.

Atemstörungen können Ausdruck eines fehlgeleiteten Verhaltensmusters sein – der Körper antwortet auf eine bestimmte Situation mit einer genetisch verankerten, für die Situation aber unangemessenen Reaktion. In diesem Fall können mantrische Atemübungen sehr hilfreich sein.

Fehlgeleitete Verhaltensmuster

Die Atmung ist eng mit Emotionen und Erfahrungen verknüpft. Atemstörungen sind somit fehlgesteuerte Verhaltensmuster, die mit der seelischen Verarbeitung von Erlebnissen zusammenhängen. Sie sind weit verbreitet, viele Menschen leiden darunter. Glücklicherweise können wir die Atmung aber willentlich beeinflussen und durch Atemübungen lernen, so zu atmen, wie es der Situation angemessen ist.

»Im Atemholen sind zweierlei Gnaden, die Luft einziehen, sich ihrer entladen. Jenes bedrängt, dieses erfrischt, So wunderbar ist das Leben gemischt. Du danke Gott, wenn er dich presst, Und danke ihm, wenn er dich wieder entlässt.«
Johann Wolfgang von Goethe

Atemstörungen und ihre Folgen

Atemstörungen äußern sich auf unterschiedliche Weise, etwa in oberflächlichem oder schnellem Atmen, der sogenannten Hyperventilation. Bei manchen Krankheiten, beispielsweise bei Asthma bronchiale, treten sie als Begleiterscheinung auf.
Bei allen Atemstörungen wird ungleich ein- und ausgeatmet, was den fein regulierten Atmungsprozess durcheinanderbringt. Asthmatiker atmen mehr ein als aus. Dadurch wird die Lunge mit viel Luft gefüllt, zugleich aber hat der Betroffene das Gefühl, keine Luft zu bekommen. Bei Aufregung hingegen kann es zu akuter Hyperventilation kommen, bei der das Ausatmen überwiegt. Eine Kettenreaktion kommt in Gang: Es wird mehr Kohlendioxid ausgeatmet, wodurch der Kalziumhaushalt durcheinandergerät. Die Rezeptoren melden daraufhin eine Störung des natürlichen Säure-Basen-Verhältnisses an das Zentralhirn. Man fühlt sich benommen, Hände und Mundpartie kribbeln, es treten Schwindelgefühle und Atemnot auf. Die Atemnot schließlich verursacht Angst und Panik, das Vegetativum wird aktiviert, der Puls beschleunigt – Todesangst tritt ein. Diese Reaktionskette zeigt sich oft in körperlichen oder seelischen Krisensituationen oder bei Stress.

Mantra-Übungen zum Ausbalancieren der Atmung

Eine weitere Atemübung, die Pranayama – Ausgleich des Atems – genannt wird, ist ebenfalls zu empfehlen.

Jemand, der Erfahrung in der praktischen Anwendung von Mantras hat, kann sie zu Hilfe nehmen, um die Atembalance wiederherzustellen. Beispielsweise wird die Atmung ausgeglichen, wenn man gedanklich die Silbe »Om« wiederholt und dabei langsam und regelmäßig ein- und ausatmet. Alternativ kann man »Om« auch beim Ausatmen intonieren. Diese Atemübung zusammen mit dem Mantra »Om« beugt – regelmäßig durchgeführt – Atemstörungen vor und hilft, bestehende zu beseitigen.

Pranayama Atemübung

Setzen Sie sich bequem hin, richten Sie die Wirbelsäule gerade auf und schließen Sie die Augen. Schließen Sie mit dem rechten Daumen das rechte Nasenloch, und atmen Sie durch das linke Nasenloch langsam und tief ein. Halten Sie kurz den Atem an. Verschließen Sie dann mit dem Mittelfinger das linke Nasenloch, und öffnen Sie das rechte. Atmen Sie durch das rechte Nasenloch komplett aus. Atmen Sie anschließend durch dasselbe Nasenloch langsam ein.

Schließen Sie nun erneut das rechte Nasenloch mit dem rechten Daumen, und atmen Sie durch das geöffnete linke Nasenloch aus. Atmen Sie dann wieder mit dem linken Nasenloch ein, halten Sie das linke Nasenloch mit dem Mittelfinger zu und atmen Sie mit dem rechten Nasenloch aus. Führen Sie diese Übung mindestens fünf Minuten lang durch. Diese effektive Wechselatmung balanciert den Atmungsvorgang aus, sodass die Lebensenergie der Atmung (Prana) wieder besser durch den Körper hindurchfließen kann.

Regelmäßige Pranayama-Atemübungen haben eine die Vitalität fördernde Wirkung. Außerdem kann diese Übung bei nichtorganischer Nasenatembehinderung Erleichterung bringen oder diese sogar beheben.

Die Atemschwingung und ihre Vibration im Atmungssystem ermöglichen es uns zu sprechen. Atem ist Lebensenergie, in der Yoga-Sprache heißt sie Prana-Kraft. Der Ausgleich der Atemkraft, das Pranayama, ist überaus wichtig. Durch den Atem sind wir mit allem, was uns umgibt, mit der ganzen Schöpfung, mit dem ganzen Universum verbunden. Rezitation und Intonation werden, egal in welcher Sprache, erst durch Atemschwingungen möglich. Daher haben Mantras eine aktivierende und zugleich eine ausgleichende Wirkung. Sind wir innerlich ruhig, wird auch die Atmung ruhig. Im Schlaf ist das gut zu sehen: Der Mensch wird gelassener und atmet tiefer. Mantra-Übungen eignen sich sehr gut als Einstieg in die Atemmeditation.

Mit bewusstem Atmen wird einem auch das eigene Dasein im Hier und Jetzt am deutlichsten bewusst. Zur Problembewältigung und zur Beseitigung von Schwierigkeiten in Alltagssituationen hilft es auch, sich zunächst seines Atems bewusst zu werden.

Umgang mit Schmerz

Menschen empfinden Schmerzen unterschiedlich intensiv. Wo die Schmerzgrenze liegt, hängt neben anderen Faktoren mit unserer Einstellung zu unserem Körper und unserer seelischen Befindlichkeit zusammen. Die mentale Verarbeitung der Schmerzsignale und die emotionale Bedeutung, die wir ihnen geben, spielen ebenfalls eine Rolle. Wer frühe Erfahrungen mit Schmerzen gemacht hat, hat meist eine niedrigere Schmerzschwelle. Aus der neurobiologischen Forschung ist bekannt, dass man sich gut von Schmerzen ablenken oder diese durch Gedankenkraft und durch die innere Einstellung abschwächen kann. Dabei helfen insbesondere Meditation oder suggestive Verfahren wie autogenes Training oder Hypnose.

Autogenes Training, Mantras, Hypnose

Worte und Leitsätze können hinsichtlich Selbstreflexion und Besinnung viel bewirken. In etlichen therapeutischen Zusammenhängen werden suggestive Techniken wie etwa autogenes Training und Hypnose, aber auch die progressive Muskelentspannung empfohlen. Diese Verfahren basieren auf dem Prinzip der (Selbst-)Suggestion. Einsichtsformeln wie »Es ist mir gleichgültig, ich bin ruhig« üben einen steuernden Einfluss auf die Psyche aus, ihr Ziel ist meist körperliche Entspannung. Die verwendeten eingängigen Formeln oder Sätze bewirken eine aktive, aber gelassene Konzentration. Auf diese Weise kann auf zahlreiche Symptome eingewirkt werden.

Die Heilhypnose wird in ähnlicher Form angewendet: Der Hypnotiseur wiederholt seine Formeln betont langsam und mit Pausen. Der Hypnotisierte ist, wenn er entsprechend auf die Bemühungen des Hypnotiseurs reagiert, imstande, sich nach dem Erwachen noch an eine Aufgabe zu erinnern, die ihm unter Hypnose gegeben wurde. Die Wirkung der eingeflüsterten Sätze ist unbewusst noch vorhanden. Diese Entspannungstechniken sind wissenschaftlich anerkannt und werden bei verschiedenen Störungen erfolgreich angewendet.

Mantras wirken zwar nicht auf die gleiche Weise, doch im Prinzip sehr ähnlich. Der Körper soll entspannt ruhen, die Konzentration richtet sich auf den Inhalt des Mantras, und die Wiederholung hindert den Geist daran, abzuschweifen. Was die Mantra-Anwendung von den anderen genannten Methoden wie beispielsweise der Hypnose oder dem autogenen Training unterscheidet, ist, dass sie nicht über (Auto-)Suggestion arbeitet. Vor allem aber hebt sie sich durch ihre spirituelle Dimension ab: Die Mantras sprechen das Individuum im Herzen an.

Einige ärztliche Kollegen, Psychotherapeuten, Heilpraktiker, Hebammen und Masseure wenden Mantra-Gesänge bereits als unterstützende Therapiemaßnahme erfolgreich an.

Dem Schmerz so wenig Platz wie möglich einräumen

Als ich selbst vor einigen Jahren schwer erkrankt war, erlebte ich, dass Schmerzen so stark sein können, dass sie den ganzen Körper erfüllen. Ich war ganz und gar vom Schmerz beherrscht und konnte nichts anderes

Schmerzgedächtnis

Selbstverständlich müssen Schmerzen, egal welcher Ursache, immer adäquat auch medizinisch behandelt werden. Das ist sehr wichtig, denn wie wissenschaftlich belegt wurde, können sie sich bei längerem Bestehen verselbstständigen und ein sogenanntes Schmerzgedächtnis herausbilden. Schmerz soll mit allen Mitteln unterbunden werden, um zu verhindern, dass sich eine Schmerzkrankheit entwickelt, die auch fortbesteht, wenn die Ursache behoben ist. Dieser Mechanismus ist in seiner extremen Ausprägung als Phantomschmerzen bekannt: Ein Gliedmaß schmerzt, obwohl es längst amputiert wurde.

Was wir selbst tun können, um unsere Leiden zu lindern, ist darüber hinaus von großer Bedeutung – sei es durch Mantra-Anwendungen oder andere meditative Verfahren. Auch psychologisch ist es förderlich zu merken, dass man dem Schmerz oder der Krankheit nicht hilflos ausgeliefert ist, sondern noch Einfluss darauf nehmen kann, was mit einem geschieht. Bei chronischer Schmerzsymptomatik kann man auch versuchen, mit Mantra-Übungen das Körperempfinden zu beeinflussen. Wenn das gelingt, ändert sich womöglich auch das Schmerzempfinden. In diesem Fall kann man eventuell die Dosis der Schmerzmittel reduzieren.

denken oder fühlen. Trotz Einnahme effektiver Schmerzmittel schaffte ich es erst zusätzlich durch das Anhören von Mantra-Gesängen, Abstand von meinem Körper, den kreisenden Gedanken und den entsprechenden Emotionen zu gewinnen.

Zuerst muss auf jeden Fall die Ursache der Schmerzen und der Schmerz selbst medizinisch behandelt werden. Mantras können dann eine zusätzliche Hilfe leisten, um die Schmerzmitteldosis zu reduzieren, indem man emotionalen Abstand von den eigenen Schmerzen gewinnt.

Überwindung von Süchten

Süchte sind mit einem starken inneren Zwang verbunden. Abhängige Menschen empfinden oft eine tiefe Langeweile, ihre Gedanken kreisen allein um das Suchtobjekt. Diese zwanghaften Gedanken zu überwinden ist schwer und mit großer innerer Spannung und Angst verknüpft. Ich erinnere mich noch daran, wie mein Vater das Rauchen aufgab. Er war süchtig nach Zigaretten und wurde fast wahnsinnig, wenn er nicht rauchen konnte. Um seine Sucht zu überwinden, entwickelte er eine Strategie: Wenn er das Bedürfnis nach einer Zigarette hatte, kochte er sich stattdessen einen Tee und sang ein Mantra. Es dauerte nicht lange, dann hatte er das Interesse am Tabak verloren.

Die Anwendung von Mantras bei der Überwindung bestimmter Suchtkrankheiten kann sehr wirkungsvoll und hilfreich sein. Bei Alkoholkranken haben sich Mantras leider weniger bewährt – die Betroffenen sind oft dermaßen in ihre Sucht verstrickt, dass sie es selten schaffen, sich innerlich darauf einzulassen. Auch bringen sie selten die notwendige Konzentration auf. Allerdings gilt bei der Behandlung von Sucht das Gleiche wie bei anderen Störungen: Voraussetzung dafür, dass die Mantras ihre Heilkraft entfalten, ist, dass der Betroffene Zugang zu ihnen hat.

Mantras können in dem Stadium der Sucht dabei helfen, die Gedanken abzulenken, in dem die Sucht noch nicht jegliches Denken beherrscht.

Auf die innere Stimme hören – der Abhängigkeit entkommen

Ich habe gelegentlich Raucher gehört, die sagten: »Was bleibt mir denn vom Leben, wenn ich auch noch aufhöre zu rauchen?« Zum Teil waren dies Worte von Menschen, die von ihrer Sucht bereits stark beeinträchtigt waren – einmal sogar jemand, dem schon das Bein amputiert worden war. Dieses Beispiel zeigt, wie stark die Nikotinabhängigkeit sein kann: Selbst wenn sie bereits fatale Schäden verursacht hat, glauben manche Menschen weiterhin, sich etwas Gutes zu gönnen, wenn sie sich eine Zigarette anstecken.

Anderen wiederum erleichtern es körperliche Folgen, sich von der Sucht zu lösen. Das erlebte ich einmal bei einem Raucher, der an einer starken Bronchitis litt und den ich notärztlich versorgen musste. Später, als ich gehen wollte, fragte ich ihn: »Und Sie wollen wirklich weiterrauchen?« Tags darauf rief mich der Mann an und sagte, er wolle mit dem Rauchen aufhören – meine Frage hatte ihn alarmiert. Er habe sich gefragt, ob er weiterrauchen wolle, und seine innere Stimme habe dies verneint. Später erfuhr ich, dass er auf diese Weise tatsächlich auf das Zigarettenrauchen verzichtete hatte. Diese Verneinung war eine wirksame Formel, die ihm half, sein Verhalten zu ändern. Das Prinzip bestand darin, den Wunsch zu rauchen durch den Wunsch, nicht zu rauchen, zu ersetzen. So einfach geht es natürlich leider nicht bei jedem. Aber auch wenn die totale Aufgabe der Sucht nicht gelingt, können Mantras innerlichen Halt geben und somit den Weg zur Unabhängigkeit ebnen.

Mantras zur Stärkung des Entwöhnungswunsches

Suchtkrankheiten in ihren verschiedenen Stadien und Ausprägungen sind ein großes Problem. Viele Menschen sind anfällig für suchterzeugende Abhängigkeit. Während schwere Suchtkrankheiten eingehender medizinischer Behandlung bedürfen, gibt es doch einige Formen, die mit der entsprechenden Hilfe und Unterstützung noch mit eigener Anstrengung und Einsicht zu überwinden sind. Hier können Mantras begleitend und mit Erfolg eingesetzt werden.

Im Prinzip geht es darum, den Wunsch, die Sucht zu befriedigen, durch den Wunsch, die Sucht abzulegen, zu ersetzen.

Es gibt sogar Therapiekonzepte – z. B. in einem buddhistischen Kloster in Thailand, wo sich teilweise schwer drogenabhängige Patienten einer Entziehungskur unterziehen können – die neben einer gründlichen körperlichen Entgiftung zur inneren Unterstützung »heilige Silben« oder Mantras nutzen (Informationen im Internet unter: www.thamkrabok.org).

In Fällen, in denen ich glaube, dass Patienten auf eigenen Wunsch und aus eigener Kraft eine Entwöhnung schaffen und dazu eine unterstützende Begleitung suchen, biete ich an, es zu versuchen. Wann immer ein Mensch, der abstinent zu werden versucht, wieder zur Droge greifen will, soll er stattdessen ein Mantra wiederholen – so lange, bis der Wunsch nachlässt. Dies gilt vor allem dann, wenn Menschen in ihrem inneren Wunsch, sich zu entwöhnen, bestärkt werden müssen. Die Wiederholung von Mantras ist dann unbedingt einen Versuch wert.

In einem buddhistischen Kloster in Thailand werden Entziehungskuren für Alkohol- und Drogenabhängige u. a. mithilfe von »heiligen Silben« – Mantras – angeboten.

Umgang mit Ängsten

Angst hat ursprünglich eine Schutzfunktion: Sie warnt uns vor Gefahren. Ängste können sich jedoch auch in unangemessener Weise in uns ausbreiten und sogar zur Krankheit werden. Sie schleichen sich langsam in unseren Alltag ein, z. B. als Angst vor Verlusten, vor Krankheiten, vor Misserfolg, vor Menschen und sozialer Bewertung, vor Kritik oder dem Altwerden – die Liste kann beliebig fortgesetzt werden.

Ängste lösen Stressreaktionen aus, die die Gesundheit angreifen können. Insbesondere sind diffuse Ängste krankhaft, die sich auf nichts Konkretes beziehen. Der Betreffende hat zwar Angst, weiß aber nicht, wovor. Darüber hinaus gibt es Phobien, Ängste, die sich konkret auf Dinge oder Situationen beziehen, etwa Höhenangst, Angst davor, über leere Plätze zu gehen oder in eine Menschenmenge zu geraten.

Angst beginnt im Kopf. Viele Ängste werden dadurch verstärkt, dass ihr Inhalt dauernd wiederholt wird. Wenn jemand beispielsweise sagt: »Ich kann nicht mit dem Aufzug fahren, dann gerate ich in Panik«, so verfestigt sich die Angst in einer Art negativem Glaubenssatz, sie kann sich sogar generalisieren, und der Betroffene kann tatsächlich nicht in den Aufzug steigen. Vermittelt etwa ein Verhaltenstherapeut die gegenteilige Einstellung und konfrontiert ihn praktisch damit, so kann der Patient ebenfalls lernen, eine Distanz zu finden und die Angst zu überwinden. Dabei würde es schon helfen, zu sich selbst zu sagen: »Ich habe keine Angst, ich werde mit dem Aufzug fahren, alle anderen machen es ja auch.« Auch so lässt sich Angst teilweise überwinden. Viele kennen das, beispielsweise wenn sie trotz Unbehagen in ein Flugzeug steigen. Abgesehen davon, dass man so seiner Angst widerstanden hat, macht man damit auch noch eine andere Erfahrung, die längerfristig Stabilität geben kann: Man gewinnt das Gefühl zurück, Herr seiner selbst und äußeren Umständen nicht hilflos ausgeliefert zu sein. Ängste kann man überwinden, indem man die Zwangsgedanken gegen andere Inhalte – beispielsweise Mantras – austauscht.
Vor allem Verlust- und Existenzängste entstehen oft aus einem falschen Selbstbild und falschen Wertvorstellungen heraus. Eine spirituelle Grunderfahrung mit Mantras kann helfen, Ängste jeglicher Art zu beseitigen. Die Meditation führt uns auf die wesentlichen Erfahrungen unserer Seele zurück und lässt uns erfahren, dass das, was wirklich wichtig ist, nicht von außen weggenommen oder verletzt werden kann. Derartige Erfahrungen sind wesentlich für die Überwindung von Angst.

»Waffen können die Seele nicht spalten, Feuer kann sie nicht verbrennen, Wasser kann sie nicht benetzen und Wind kann sie nicht austrocknen.«
»Bhagavat Gita«, Kapitel 2, Vers 23

Halt in der Krise

Wer einmal ernsthaft erkrankt und länger ans Bett gebunden war, weiß um den unschätzbaren Wert einer inneren Stütze im Notfall – die uns Mut macht, wenn alle Hilfe von außen versagt und uns nur noch das zur Verfügung steht, was wir an eigenen Kräften besitzen. Mantras können uns einen solchen Halt bieten. Die Möglichkeit, gedanklich ein Mantra zu wiederholen und seelisch daran festzuhalten, um Abstand vom Körper und der Welt zu gewinnen, bleibt uns bis zuletzt erhalten. Besonders in Grenzsituationen ist eine spirituelle Zuflucht von großer Bedeutung; jeder braucht das.

Die Mantra-Gesänge gaben mir in meiner gesundheitlichen Krise seelischen Halt und halfen mir, nicht daran zu verzweifeln. So konnte ich meine Krankheit irgendwann für mich umdeuten und etwas Positives in ihr sehen: »Jetzt habe ich wenigstens Zeit für meine spirituellen Vorhaben.«
Wenn wir in solchen Situationen jedoch keinen Halt in unserer inneren Welt finden, wenn nichts da ist, woran wir uns festhalten können, kann das gravierende Folgen haben. Denn eine psychische Krisensituation verhindert, dass Heilung stattfindet. Mit anderen Worten: Dauerstress stört die Heilungsprozesse.
In unserem Körper sind unzählige Selbstheilungsvorgänge am Werk. Ein Arzt macht eigentlich nichts anderes, als dass er dem Körper Hilfe anbietet – doch die Heilung selbst vollzieht nicht er, sondern die Natur in unserem Körper. Sehr oft stört der Kranke seinen Genesungsprozess selbst oder verursacht seinen schlechten Gesundheitszustand durch sein Verhalten mit – wenn auch meist nicht absichtlich. Ungeduld, Nervosität und übermäßige sorgenvolle Beschäftigung mit der Krankheit sowie die seelische Reaktion darauf versetzen das Nervensystem jedoch in Aufregung und können so Heilung verhindern.

Wenn man eine Krankheit hat, bedeutet dies nicht, dass gleich der ganze Mensch krank ist. Häufig werden jedoch das gesamte Denken und Fühlen des Menschen von der Krankheit beherrscht, wodurch die Selbstheilungsimpulse abgeschwächt werden.

Richten Sie Ihre Aufmerksamkeit auf die Heilung

Es ist wichtig, dass der Kranke versucht, Abstand zu seiner Krankheit zu gewinnen, und aufhört, ständig darüber nachzudenken. Die Krankheit darf nicht im Mittelpunkt der Gedanken stehen! Denn wenn die Krankheit unser Bewusstsein zu stark besetzt, besteht die Gefahr, dass sie einen festen Platz in uns einnimmt und schließlich zu uns gehört – was eine Heilung verhindern würde. Sind wir permanent mit der Krankheit beschäftigt, arbeitet unser Bewusstsein in die falsche Richtung.
Stattdessen ist es wichtig, dass wir unsere gedanklichen und emotionalen Kräfte auf den Wunsch, gesund zu werden, richten. Dann setzen die Kräfte der Natur im Körper alles in Gang, damit wir gesund werden, Immunsystem und Körper arbeiten dann auf dieses Ziel hin. All das setzt voraus, dass wir ruhig und gelassen sind. Um dahin zu gelangen, müssen wir lernen, unser vegetatives Nervensystem zu beeinflussen und es bewusst in einen Ruhezustand zu versetzen. Gelassenheit ist eine wichtige Bewältigungsstrategie. Dies gilt allgemein, doch insbesondere im Zusammenhang mit bedrohlichen Krankheiten. Dazu gehört es, die Situation als Teil

Worte aus dem Herzen – Balsam für die Seele

Einfühlsame Worte können eine enorme Bedeutung haben. Worte haben die Macht – je nachdem, wie sie eingesetzt werden –, heilsam zu sein oder tiefe Wunden zu schneiden. Ein kränkendes Wort vergessen wir nicht, allein der Gedanke daran kann uns immer wieder einen Stich ins Herz versetzen. Aber genauso erinnert sich jeder an ein nettes Wort oder einen netten Satz, den Freunde oder Mitmenschen in einem entscheidenden Moment mit Empathie gesagt haben. Worte, die voller Gefühl und direkt aus dem Herzen kamen. Sie sind für Kranke wie Balsam und können helfen, schwierige Situationen als Realität zu akzeptieren und zu bewältigen. Ein Mantra-Wort oder -Satz kann in solchen Situationen zu uns sprechen und uns begleiten, denn es enthält eine Botschaft, die es an unsere Seele weitergibt. Das Mantra, zu dem wir uns besonders hingezogen fühlen, kann in schweren Zeiten ein psychischer Anker sein. Das gilt für innerseelische Notlagen ebenso wie für ganz praktische Situationen.

So wollte sich einer meiner Patienten nicht operieren lassen, weil er sich vor der Narkose und dem Kontrollverlust fürchtete. Indem er immer wieder leise ein Mantra murmelte, gelang es ihm, die Angst zu überwinden, und er fand den Halt, den er brauchte, um die Operation – unter Narkose – durchführen zu lassen.

Um Ruhe und Gelassenheit zu erlangen, muss der Mensch lernen, das vegetative Nervensystem bewusst in einen Ruhezustand zu versetzen.

der Realität zu akzeptieren und adäquat damit umzugehen. Keiner ist davor gefeit, dass ihm etwas zustößt – auch wenn uns das unvorstellbar erscheint, solange wir gesund sind. Selbstverständlich ist eine gelassene Grundhaltung nicht alles: Eine Krankheit muss auf jeden Fall angemessen behandelt und der Heilungsprozess medizinisch unterstützt werden!

Mantras als Trost

Als Ärztin habe ich erfahren, dass die Medizin zwar enorme Fortschritte macht, aber auch ihre Grenzen hat. Oft erschöpft sich die medizinische Hilfe in der Diagnose einer Krankheit und der Verordnung von Medika-

menten. Darüber hinaus aber kommt es darauf an, dass der Patient aktiv mitarbeitet und bei manchen Krankheiten vielleicht auch seine Lebensweise ändert.
Immer wieder werden Menschen plötzlich und unerwartet damit konfrontiert, dass sie eine schwere, möglicherweise unheilbare Krankheit haben. Diesem Schock folgt meist eine tiefe Verzweiflung und das Hadern mit dem eigenen Schicksal. Mantra-Gesänge öffnen das Bewusstsein für das, was über unsere Person hinausgeht, und spenden Trost, indem sie uns daran erinnern, dass unsere Seele unsterblich ist, auch wenn unser Körper vergeht. Diese Erkenntnis versöhnt Schwerkranke mit ihrem Schicksal und Sterbende mit dem Tod. Sie hilft ihnen, den Tod zu akzeptieren, damit sie den letzten Weg mit Seelenruhe antreten können. Auch den Angehörigen spenden die Gesänge Trost und Zuversicht.

Das Wissen um die Unsterblichkeit der Seele kann Menschen in extremen Krisensituationen Trost spenden und helfen – beispielsweise im Fall einer unheilbaren Krankheit oder wenn ein naher Angehöriger stirbt.

Unsterbliche Seele

Durch meinen Beruf als Ärztin kam ich im Laufe meines Lebens immer wieder in Situationen, in denen ich Patienten oder deren Angehörigen Trost spenden musste – sei es, weil sie selbst unter einer schweren Krankheit litten oder weil ein Familienmitglied gestorben war. Immer wieder fragte ich mich: Was kann ich diesen Menschen sagen, um sie zu trösten und ihren Schmerz zu lindern?
Eine Antwort darauf fand ich in der *Bhagavat Gita*. In diesen Schriften finden sich Abhandlungen über Gott, das Leben, den Tod und die Unsterblichkeit der Seele. Demnach ist sie göttlichen Ursprungs und somit unsterblich – auch wenn unser Leib alt wird und stirbt. Daher existieren wir in unserer Seele nach unserem leiblichen Tod weiter, wenn auch in einer anderen Erscheinungsform. Der Mensch stirbt, doch die Seele selbst wird nicht geboren und stirbt deshalb auch nicht; sie fängt niemals an, und sie endet niemals. Es gab sie vorher, und es wird sie auch danach noch geben. Das ist ihre Natur.
Diese Texte erschienen mir für meine Zwecke sehr passend. Ich begann, die Aussagen auf Sanskrit mit Gitarrenbegleitung zu singen und nach jedem Vers in deutscher Übersetzung zu sprechen. Plötzlich bekam das, was vorher nur Worte gewesen waren, einen neuen Sinn. Es war, als würde die jahrtausendealte Geschichte plötzlich lebendig. Durch diese kontemplativ intonierten Texte fand ich für mich selbst Inspiration und zudem etwas, was ich meinen Patienten als Trost anbieten konnte: Die

Verse der *Bhagavat Gita*, die von der Unsterblichkeit der Seele handelten, inspirierten mich zu einigen meiner Mantra-Gesänge. Ich möchte sie allen empfehlen, die Trost und Inspiration im Leben suchen.

Mantra-Gesänge zur Versöhnung mit dem Schicksal

Eines Tages kam eine Frau zu mir, die Lungenkrebs im fortgeschrittenen Stadium hatte. Es gab keine Hoffnung mehr auf Heilung, medizinisch war alles schon versucht worden. Die ursprünglich sehr gläubige Frau fühlte sich von Gott und der Welt verlassen. Sie war verzweifelt, haderte mit dem Schicksal und glaubte, ihre Gebete seien nicht erhört worden. Vor Jahren hatte sie schon einmal eine Krebserkrankung überwunden. Warum musste sie ein zweites Mal krank werden?

Ihre Krankheit war inoperabel, und auch ich konnte ihr medizinisch nicht mehr wirklich helfen, als sie zu mir kam. Ich verordnete ihr Opiatpflaster zur Linderung der Schmerzen und Sauerstoff zur Behandlung der Atemnot. Was ich tun konnte, war zu versuchen, ihre seelische Notlage zu verstehen. Schließlich gab ich ihr Mantra-Gesänge zum Anhören, die ihr helfen sollten, ihre Verzweiflung zu überwinden und einen geistigen Anker zu finden. Sie sollte diese Gesänge anhören, wenn sie sich nicht gut fühlte und keine Ruhe fand. Ich gab ihr das Mantra »Jyotir Brahman […]« (siehe S. 93). Übersetzt bedeutet es: »Göttliches Licht, kosmische Seele, heilig und Heimat aller.«

Die Mantra-Gesänge hatten einer todkranken Frau geholfen, ihr Schicksal anzunehmen und nicht in Verzweiflung aus dieser Welt zu gehen.

Es sollte ihr Ruhe geben und sie von den Kränkungen des Schicksals befreien. Die Frau hörte sich die Mantras jeden Tag an, was ihr sehr gut tat. Sie sagte später, sie leide nun nicht mehr an dem Gedanken, sterben zu müssen. Im Gegenteil: Sie habe nun das Gefühl, heimzukehren. Bald darauf starb sie.

Auch einige Menschen, die im Krankenhaus mit Sterbenden arbeiten, berichteten mir, dass sie nichts Besseres wüssten, als Mantra-Gesänge, um die Menschen auf dieser letzten Lebensreise zu begleiten. Der beruhigende, göttliche Gesang leiste einen großen Beitrag zur Sterbebegleitung. Nach Konzerten sprechen mich auch immer wieder Angehörige an, die mir erzählen, dass sie sich in ihrer Trauer die Mantra-Gesänge angehört und darin Trost gefunden hätten. Einmal schrieb mir eine Frau, die ihre beiden erwachsenen Kinder verloren hatte, dass sie in ihrer Verzweiflung in den Mantra-Gesängen Zuflucht gesucht und gefunden habe. Die Musik sei so tröstlich, dass es ihr beim Hören deutlich besser gegangen sei.

Mantras in der Schwangerschaft

Schwangere Frauen unterliegen besonderen körperlichen und psychischen Anforderungen. Mantra-Gesänge helfen, diese Zeit mit guter Stimmung und Erwartung zu füllen. Das Kind im Mutterleib ist von der Lebensweise und der Gesundheit der Mutter abhängig. Jeglicher Mangel bei der Mutter führt auch beim Kind zu Mangelerscheinungen, da beide über die Nabelschnur miteinander verbunden sind. Dies gilt auch für die seelische Verfassung. Die Gefühlslage der Mutter wirkt sich über das vegetative Nervensystem auf das Kind aus. Auch das Immunsystem der Mutter beeinflusst das Kind, sogar noch nach der Geburt. Den alten indischen Schriften zufolge hört der Embryo das, was die Mutter hört. Zumindest scheint er Klänge wahrzunehmen, wie man bei Ultraschalluntersuchungen beobachten kann. Der Mantra-Gesang kann für Embryos einen harmonisierenden Effekt haben, weil er eine ruhige und stille geistige Stimmung und Atmosphäre hervorruft, der für Gedeihen und Wachstum förderlich ist.

Zu empfehlen sind Mantra-Gesänge insbesondere auch in der Schwangerschaft, da ihre positiven Schwingungen auch das ungeborene Kind erreichen. Das wird natürlich besonders intensiv, wenn die werdende Mutter die Gesänge sowohl anhört als auch selbst singt.

Eine geistige Beziehung aufbauen

Die Schwangerschaft ist eine intensive und wichtige Zeit für die werdende Mutter. Deshalb sollte sie sich diese Zeit so angenehm wie möglich machen, für gutes Essen sorgen und eine angenehme Atmosphäre schaffen. Dazu gehört auch, sich innerlich auf das neue Leben einzustellen und sich zu vergegenwärtigen, dass nicht nur ein Körper in ihr heranwächst, sondern auch ein emotionales und geistiges Wesen, das vielleicht noch nicht mit seinen Sinnesorganen, aber unmittelbar durch seine Seele wahrnimmt und fühlt. Es ist daher gut, wenn sich die werdende Mutter auch mit geistigen Dingen beschäftigt und Herz und Verstand damit erfüllt. In die sanften Mantra-Meditationen kann man das ungeborene Kind einbeziehen, indem man die positive Energie und die guten Wünsche, die man dabei fühlt, an das Kind ausstrahlt.

Die Mutter befindet sich in dieser Zeit in einer hormonellen Umstellung und braucht besondere Erholung und vegetativen Ausgleich. Ihr Vertrauen wird gestärkt, langsam kann sich eine immer intensiver werdende Beziehung zu dem Kind entwickeln. Einige Hebammen setzen Mantras zur Schwangerenbetreuung und in der Geburtshilfe ein.

Beispiele für Mantras

In diesem Buch kann ich Ihnen keine vollständige Abhandlung über Mantras anbieten. In diesem Kapitel finden Sie jedoch einige Beispiele der traditionell überlieferten Mantras, der einsilbigen Mantras, der Bija-Mantras oder Keimsilben.
Keimsilben sind Klangentsprechungen verschiedener Gottheiten, die bestimmte Kräfte und Eigenschaften repräsentieren. Sie können ähnlich wie auch andere Mantras zum Meditieren intoniert oder im Stillen wiederholt werden. Sie kommen allein, aber auch hintereinander in einem Mantra-Satz vor. Bei Intonation dieser Keimsilben wird eine Resonanzwirkung im Körper freigesetzt, sie können ihre Kraft entfalten. Einige Keimsilben sind nach der Tantra-Yoga-Lehre den Energiezentren im Körper, den sogenannten Chakras, zugeordnet. Die Intonation dieser Keimsilben kann das dazugehörige Chakra zur Entfaltung bringen und eine entsprechende Regulation der Körperfunktionen bewirken.

Auch im Alltag Quelle der spirituellen Kraft

Generell setzen alle Mantras den Selbstheilungsprozess in Gang. Es gibt aber auch solche, die ausdrücklich für die Heilung genutzt werden können. In diesem Zusammenhang möchte ich jedoch betonen, dass jede ernsthafte Erkrankung zuallererst der ärztlichen Diagnostik und Therapie bedarf. Mantras werden im Allgemeinen nicht primär für die Heilung von Krankheiten verwendet. Sie können jedoch, zusätzlich angewendet, ausgesprochen gesundheitsfördernd sein, da sie uns im Alltag zu Ruhe, Gelassenheit und Zuversicht führen.
Der Erhalt der Gesundheit ist für jeden Menschen wichtig. Auch die Orientierung an spirituellen Zielen ist bedeutsam, damit man in dieser hektischen und leistungsbezogenen Gesellschaft nicht ernsthaft erkrankt. Derjenige, der auch ohne konkrete Beweggründe Mantras zur Übung der Hingabe, zur Kontemplation und Meditation anwendet, wird es einfacher haben, auf diese auch in körperlichen und seelischen Krisensituationen zurückzugreifen und sie in der Not als selbstverständliche Stütze in Anspruch zu nehmen. Für mich sind Mantras eine Quelle der spirituellen Kraft auch im normalen Alltag.

Nach der indischen Weltanschauung gibt es neben einer absoluten und allgegenwärtigen göttlichen Kraft verschiedene Teilaspekte, die in der Schöpfung und in der Seelenwelt bestimmte Aufgaben erfüllen. Entsprechend ist die indische Götterwelt Ausdruck oder vielfältige Erscheinung des Einen. Auch im abendländischen Kulturkreis gibt es neben dem einen Gott himmlische Heerscharen von Engeln und Heiligen, die Teilaspekte göttlicher Eigenschaften verkörpern.

Namo und Namaha

Oft beginnen Mantra-Sätze mit »Namo« und enden mit »Namaha«. Diese Grußformel leitet die Begegnung mit der göttlichen Kraft ein: Ich trete dir mit Ehrfurcht und Demut gegenüber, ich öffne mich für dich, und ich achte und schätze deine geistigen Gaben. Diese innere Haltung wird durch den Klang ausgedrückt. »Namo« regt auch Geist und Aufmerksamkeit an. Durch das »Namaha« im Ausklang wird das Mantra verinnerlicht. Beide regulieren die bei der Übung entstehende geistige Strömung.

In der indischen Religion und Mythologie wird eine Gottheit als Einheit aus einer männlichen und einer weiblichen Seite betrachtet. So haben die drei Hauptgottheiten, die eine Dreifaltigkeit bilden, jeweils eine weibliche Gefährtin. An Brahmas Seite, dem Schöpfer, steht Saraswati; Vishnu, der Erhalter, wird von Lakshmi und Shiva, der Erlöser oder Befreier, von Durga begleitet.

Traditionell überlieferte Mantras

Für dieses Buch wurde nur eine begrenzte Anzahl von Mantras ausgewählt, die aus meiner Sicht die wichtigsten Anwendungsbereiche umfasst. In vielen dieser Gebetsformeln werden Gottheiten angesprochen und um Unterstützung und Hilfe gebeten.

Mantras der Göttinnen

In der indischen Religion und Mythologie tritt eine Gottheit meist in verschiedenen Verkörperungen auf. So hat ein Gott meist auch eine weibliche Seite in Form einer Gefährtin oder Gattin. Auch diese können unterschiedliche Gestalten annehmen. Seit der Tiefenpsychologe C. G. Jung die Archetypen und die Dualität von Animus und Anima in der kollektiven menschlichen Seele beschrieben hat, wurde ein neues Verständnis für die Götter und Göttinnen der Antike und der asiatischen Welt geweckt. Demnach sind die (Vor-)Bilder unserer Seele in Träumen und Überlieferungen von göttlichen Urgestalten geprägt. Diese werden als Vermittler zwischen dem Unbewussten und dem Ego verstanden. Die Göttinnen der indischen Mythologie übernehmen diese Funktion besonders deutlich. Sie vermitteln vor allem das Geheimnis von Geburt und Schöpfung, sowie zahlreiche Fähigkeiten und Begabungen. Sie gelten als unerschöpfliche Quelle, und sie beschenken die Menschen freigiebig mit ihren Gaben. Viele Menschen wenden sich deshalb mit ihren innigen Wünschen und Bitten eher an die mütterliche Seite der Götter.

Die Göttinnen schützen uns aber auch vor den dunklen Seiten des Unbewussten, die in Form von Dämonen und negativen Schwingungen aus dem Unbewussten aufsteigen. In dieser Funktion zeigen sich die Göttinnen als furchterregende Kriegerinnen. Sie sollen die schwarzen Seiten in unserem Unbewussten erschrecken und den Menschen gleichzeitig die Angst nehmen. In wieder anderen Erscheinungsformen sind die Göttinnen Sinnbild für unbeschreibliche Schönheit, Anmut und Harmonie. Die folgenden Mantra-Beispiele enthalten Keimsilben, die diesen Göttinnen zugeordnet sind.

Om Aim Shrim Hrim Saraswati Devyayei Namaha

Om Aim Shrim Hrim, verehrt sei Saraswati

ओम एं श्रीं ह्रीं सरस्वती देव्यायै नम:

Aim repräsentiert Saraswati, die Göttin der Weisheit und Intelligenz, der Kunst, Sprache, Musik und Erkenntnis. Die Klangschwingung fördert Bildung und spirituelles Wachstum. Es gibt Menschen, die geniale Fähigkeiten hatten, die sie nicht gelernt haben konnten, weil es sie noch nie zuvor

Dass einer Göttin mehrere Aspekte zugeordnet werden können, zeigt sich besonders deutlich am Beispiel der Kali. Sie gilt zwar als Göttin des Todes und der Zerstörung, gleichzeitig aber auch als Erneuerin. Zudem ist sie die dunkle Seite der Göttin Parvati, der liebevollen und heiteren Gattin Shivas.

Wie Bija-Mantras zum Klingen gebracht werden

Ein Bija-Mantra besteht aus seinen Anfangsbuchstaben, meist Konsonanten, einem Vokal in der Mitte und der Endung. Ein Konsonant kann in der Regel nicht ohne einen Vokal zum Erklingen gebracht werden. Vokale werden deshalb als Bewegungskraft (Shakti) der Konsonanten bezeichnet. Das Besondere der Keimsilben-Mantras ist, dass sie im Allgemeinen auf »ng« oder »m« enden. Dieser nasale Laut bringt das ganze Mantra zum Schwingen, während die Luft aus der Nase ausströmt.

Die Endung wird auch als Chandra-Bindu oder Nada-Bindu bezeichnet. Die unterschiedliche Schreibweise rührt daher, dass es bei geöffnetem Mund nach »ng« klingt und bei geschlossenem Mund eher nach »m«. Dabei berührt die Zunge den Gaumen, wodurch die Schädelknochen zum Vibrieren gebracht werden, sodass das Mantra richtig erklingt. Das Chandra-Bindu drückt auch die Verehrung aus, die dem Mantra innewohnt. Bei dem Bija-Mantra »Hrim« beispielsweise sind »H«, »R« und »I« die Hauptbuchstaben und »M« der nasale Endklang. Die Bija-Mantras kann man als Mantras der Chakra-Energien zur Heilung nutzen.

gegeben hat. Diese Intelligenz ist nach hinduistischer Vorstellung eine besondere Gabe der Göttin Saraswati. Sie schenkt und fördert reine Vernunft und spirituelle Hingabe.

ओम श्रीं क्लीं महालक्ष्म्यै नमा:

Om Shrim Klim Maha Lakshmiyei Namaha

Om, verehrt sei die Göttin Mahalakshmi

Shrim ist die Keimsilbe für die Gottheit Lakshmi. Es ist ein wirksames Mantra zur Erlangung und Erhaltung von Gesundheit, Wohlstand, Familienglück und Freundschaft – all dessen, was die meisten Menschen anstreben, auch im spirituellen Sinne. Es schenkt demjenigen Erfolg, dem nicht nur sein eigenes, sondern auch das Wohl seiner Mitmenschen am Herzen liegt. Klim ist das Bija-Mantra von Kali und wird oft zur Stärkung anderer Keimsilben beigefügt. Es kann auch als Meditationsmantra allein oder in Kombination mit anderen Keimsilben verstärkend wirken.

ओम एं ह्रीं क्लीं चामुन्डाय विच्छये नम:

Om Aim Hrim Klim Chamundaye Vicheyei Namaha

Om, ich verbeuge mich vor Chamunda (Kali oder Kalika)

Hrim wird Mantra-Sätzen zugefügt, um ein klares Bewusstsein zu erlangen. Hrim regiert die kosmische magnetische Anziehungsenergie und die Kraft der Seele. Es ist primär die Energie der Göttin Durga, die all ihre schöpferische und heilende Kraft beinhaltet. Es hilft, Herz und Kopf zu reinigen und die Kräfte zu kontrollieren, die fortwährend Illusionen in unseren Gedanken erzeugen. Es stärkt das Selbstvertrauen und hilft, die erwünschten guten Ziele im Leben zu verwirklichen.

ओम डुम दुर्गायै नम: ।

Om Dum Durgayei Namaha

Om Dum, verehrt sei Durga

Dum ist eine Keimsilbe für Durga, die kosmische Mutter, auch Shakti genannt. Sie bietet Schutz und verhindert Unheil. Hier bedeutet der Buchstabe D = Durga und U = Schutz. Mit dem ausklingenden nasalen M wird Durga verehrt. Da Durga den mütterlichen Aspekt Gottes repräsentiert, kann man sich mit einer Bitte oder innigem Wunsch an sie wenden.

ओम क्रीं कालिकायै नम: ।

Om Krim Kalikayei Namaha

Om, Ehre sei der kosmischen Mutter Kali

Krim ist die Klangschwingung der Göttin Kali, der weiblichen Kraft des Lebens. Sie dient zur Erweckung der Kundalini und zur Beseitigung negativer Kräfte. Kundalini ist die spirituelle Energie, die in jedem schläft und geweckt werden muss. Sie schützt vor negativen Kräften. Der große indi-

Der Gedanke Gottes als mathematische Gleichung

Der indische Mathematiker Srinivas Ramanujan (1887–1920) verehrte von Kindheit an die Göttin Namagiri (Saraswati). Diese schrieb ihm viele seiner mathematischen Gleichungen im Traum auf die Zunge, morgens schrieb er sie dann nieder. Srinivas Ramanujan sah das Göttliche in einem Tanz der Zahlen, oder, wie er einmal zu einem Freund sagte: »Eine Gleichung hat für mich keinen Sinn, es sei denn, sie drückt einen Gedanken Gottes aus.« Der berühmte englische Mathematiker G.H. Hardy schrieb später über diese Gleichungen: »Ein einziger Blick auf sie genügt, um zu zeigen, dass sie nur von einem erstklassigen Mathematiker niedergeschrieben sein konnten. Sie müssen wahr sein, denn wenn sie nicht wahr wären, hätte niemand die Vorstellungskraft gehabt, sie zu erfinden.« Die Theoreme von Ramanujan werden heute in vielen Bereichen der Wissenschaft angewendet, woran zu seinen Lebzeiten nicht zu denken war.

(Zitiert nach: Kanigel, Robert (1993): »Der das Unendliche kannte. Das Leben des genialen Mathematikers Srinivasa Ramanujan«. Übersetzung: Albrecht Beutelspacher. Braunschweig/Wiesbaden. S. 129.)

sche Heilige Ramakrishna verehrte Mutter Kali, empfing ihren Segen und erlangte Erleuchtung. Kali oder Kalika ist eine der neun Erscheinungsformen von Durga (Nava Durga), um das Böse zu bekämpfen.

Andere Keimsilben und Mantras

Om Gum Ganapatayei Namaha

ओम गुम गनपतयै नमः ।

Om, Ehre sei Ganesha, dem Überwinder der Hindernisse auf dem Weg der guten Taten

Gum und Glaum sind die Klangschwingungen zur Überwindung diverser Hindernisse im Leben mithilfe der Gottheit Ganesha. Mit seiner Hilfe treffen glückliche Zufälle zusammen, die es erleichtern, Vorhaben zu verwirklichen. In indischen religiösen Zeremonien wird Ganesha oft angerufen und um Erfolg gebeten. Nicht immer tritt ein Hindernis auf – aber sollte eines auftreten, dann wäre es mithilfe dieses Mantra zu überwinden.

शिवा हुम

Shiva Hum

Hum ist die Keimsilbe, die als transzendentaler Urgrund aller Wesenheit Shiva zugeordnet ist. Shiva Hum ist ein großartiges Mantra dieser Keimsilbe. Es ist auch Symbol für das dritte Auge und aktiviert das zwischen den Augen liegende sechste Chakra. Hum erzeugt eine starke Resonanz im Schädel- und Brustraum. Auch in tibetischen Mantras ist die Silbe Hum enthalten, etwa in »Om mani padme Hum« (»Verbeugung vor dem Juwel des Bewusstseins, der auf dem Lotus des Herzens sitzt«).

Auch das Durga-Mantra »Om Dum Durgayei Namaha«, das Saraswati-Mantra »Om Aim Shrim Hrim Saraswati Devayayei Namaha« sowie »Shiva Hum« können als Heilungsmantras gebraucht werden.

Beispiele für Mantras, die ich bevorzugt nutze

Wie ich bereits beschrieben habe, können alle Mantras prinzipiell für diverse Zwecke verwendet werden. Allerdings wird bei vielen Mantras ein bestimmter Aspekt betont – etwa durch Anrufung einer bestimmten Gottheit, der konkrete Eigenschaften zugesprochen werden. Daraus resultiert, dass Mantras nicht klar funktionell zugeordnet werden können. Um Ihnen hier etwas Orientierung zu geben, stelle ich Ihnen nun einige Mantras vor, die ich selbst in ganz konkreten Situationen nutze und bevorzuge. Damit haben Sie die Wahl, auszuprobieren, ob diese Mantras auch Ihnen in der entsprechenden Situation zusagen oder helfen. Aber bitte denken Sie daran: Diese Auswahl bezieht sich auf meine persönlichen Erfahrungen und ist lediglich ein Angebot. Im Übrigen sind Sie völlig frei, welches Mantra Sie für Ihre Anliegen wählen möchten!

Mantras zur Heilung

ओम नमः शिवाय ।

Om Namaha Shivaya

Om, verehrt sei Shiva

Dieses Mantra dient dem Gewahrwerden der spirituellen Kraft von Erde, Wasser, Luft, Feuer und Äther (Raum). Shiva ist die Kraft, die diese Elemente belebt. Die fünf Silben des Mantras werden als die fünf Elemente gedeutet. Durch seinen Bezug zu den Naturelementen wird dieses auch im Westen recht bekannte Mantra oft für die Heilung verwendet.

Maha Mrityunjaya-Mantra

Om Tryambakam Jayamahe
Sugandhim Pushti Vardhanam
Urvarukmiva Bandhanan
Mrityor Muksheeya Mamritat

Im Gedenken der Urschwingung »Om« verehren wir Gott
mit dem dritten geistigen Auge, dessen Heiliges Wesen in Form von Duft
ausströmt, und alle Wesen, insbesondere seine Verehrer, damit nährt.
Dadurch mögen wir von Krankheit und Tod befreit werden,
wie ein reifer Kürbis, der sich von seiner Pflanze abtrennt.

ओम त्रायम्बकं यजामहे सुगन्धिं
पुष्टिवर्धनम् ।
उर्वारूकमिव बन्धनान् मृत्योर्मुक्षीय मा
मृतात् ॥

In diesem Mantra wird der Heilungscharakter besonders betont. Es wird Mantra der Unsterblichkeit (Maha Mrityunjaya Matra) genannt, weil es nicht nur vom Tod des momentanen Lebens, sondern sogar vom Kreislauf von Geburt und Tod befreien soll. Es soll selbst bei unheilbaren Krankheiten und bei der Überwindung der Todesangst helfen.

Sehr oft spreche ich auch ein Mantra, wenn ich Medizin einnehme. Dabei helfen sowohl die Worte als auch der Wirkstoff. Das Mantra »Oushadhim [...]« (siehe S. 82), aber auch andere die Heilung betonende Mantras verwandeln Wasser durch die Übertragung ihrer Schwingungen in Heilwasser.

Mantras zur Verstärkung der Heilkraft des Wassers

Schon ehe ich nach Deutschland kam und Ärztin wurde, behandelte ich in Indien Menschen, die mich um Heilung baten, mit Wasser und Mantras. Dazu stellte ich während der Wiederholung der Mantras frisches Wasser in meine Nähe, oder ich hielt ein Glas Wasser so in der Hand, dass

Wasser ist ein lebendiges Element und nimmt die Schwingung eines Mantras auf.

es die Schwingungen meiner Gesänge aufnehmen konnte. Dieses Heilwasser gab ich den Hilfesuchenden zu trinken. Ich trank es aber auch selbst, um meine eigene Krankheit zu behandeln und zu heilen – Heilung mit Wasser und Worten.

औषधिम जानवि तोयं ।
वैद्यो नारायण हरीः ॥

Oushadhim Jahnavi Toyam
Vaidyo Narayana Hari
Wasser mit der Kraft Gottes
Sei wie Medizin und Gott selbst
Sei mein Heiler

Der menschliche Körper besteht hauptsächlich aus Wasser. Wasser kann die Schwingung des Gebets aufnehmen und diese im Körper wie Medizin verteilen. Somit kann es zur Heilung gebraucht werden. Außer dem oben genannten Mantra kann auch jedes andere verwendet werden, um seine Schwingung auf das Wasser zu übertragen.

Sie können auch eine saftige Frucht, die Sie gerne essen – beispielsweise eine Melone – mit dieser Heilschwingung aufladen. Früher habe ich das oft getan. In vielen alten Schriften kann man davon lesen, und auch heute noch wird diese Methode praktiziert. Allerdings braucht es Zeit, um sich mit dieser Materie vertraut zu machen.

Mantras für die tägliche Anwendung

ओम नमो भगवते वसुदेवाय ।

Om Namo Bhagavate Vasudevaya
Om, verehrt sei Gott, der in jedem Herzen wohnt

Dieses Mantra entfaltet seine ganze Kraft über das Herz-Chakra. Es erweckt die spirituelle Sehnsucht und öffnet somit den Weg zu einer höheren Erkenntnis.

Dies ist mein erstes Mantra, das ich bereits in meiner Kindheit bekommen habe und das mich bis heute begleitet. Schon als Kind begeisterte mich der Gedanke, dass Gott im eigenen Herzen wohnen soll. Die Frage, wo Gott sich aufhält, beschäftigt viele religiöse Menschen seit alters her und auch heute noch. Dass Gott im Herzen wohnt, entspringt der geistigen Einsicht, dass es eine immanente (innewohnende) Kraft gibt. Mit Herz ist hier nicht unbedingt das körperliche Organ gemeint, sondern unser Innerstes, unsere Mitte oder unser Zentrum – und zwar nicht nur das Zentrum des Körpers, sondern auch das Zentrum unseres Fühlens und somit das Zentrum der unmittelbaren Wahrnehmung.

Wann immer Sie im Alltag in Situationen geraten, in denen Sie sich aufregen oder in denen Ärger in Ihnen aufsteigen könnte, sollten Sie dieses Mantra anwenden. Sprechen Sie innerlich »Om Namo Bhagavate Vasudevaya«, wenn Ihnen die Außenwelt mit Ungeduld, Ärger, Enttäuschung, Eifersucht, Vorwürfen oder Aggression begegnet, und ebenso dann, wenn Sie selbst es sind, die auf andere Menschen so reagiert. Rufen Sie bei diesen Gelegenheiten das Mantra zu Hilfe. Sie werden damit nicht alle Konflikte lösen, doch Sie werden neue Strategien entwickeln, die es Ihnen erlauben, z. B. in aller Ruhe Ihre Meinung zu sagen. Mit diesem Mantra können Sie sich vor Einwirkung von außen schützen, aber auch Ihre Mitmenschen vor Ihren eigenen Unzulänglichkeiten.

Om Ram Ramaya Namaha
Om, verehrt sei Rama

ओम राम रामया नम:

Sri Ram Jay Ram Jay Jay Ram
Gelobt sei Rama

जय राम श्री राम जय जय राम ।

Ram

Dies sind drei wichtige Mantras, die Rama gewidmet sind. Rama war eine Inkarnation Vishnus. Der Name »Rama« ist ein großes Mantra, das in seiner Wiederholung zur Läuterung des Geistes beiträgt. Indische Heilige üben bei jeder Gelegenheit das Mantra Ram. Auch Mahatma Gandhi soll es bei seinem Tod gerufen haben. Es bedeutet wörtlich Freude und ist das Keimsilben-Mantra des Elementes Feuer und des Manipura-Chakras, das dem Solarplexus entspricht.

Om Namo Narayanaya
Verehrt sei Gott in menschlicher Gestalt

ओम नमो नारायाणाय ।

Dieses Mantra nimmt Bezug zur göttlichen Kraft, die in menschlicher Gestalt auf der Erde erscheint. Die Inkarnation wird als Narayana bezeichnet. Rama, Krishna, Christus, Mohammed, Buddha und andere Erleuchtete werden als Verkörperungen des höchsten geistigen Prinzips betrachtet. Die göttliche Kraft kann aber auch in und durch jeden Menschen wirken. Dieses Mantra dient dem Gewahrwerden der göttlichen Kraft im Menschen und der entsprechenden Eigenschaften, sodass sich der Mensch in seinem Wirken für das Gute entscheidet und zu guten Taten inspiriert wird. Im Narayana kommt Gott in unsere Nähe. Somit steht Narayana für jede Art von Begegnung mit dem Göttlichen.

Ich singe dieses Mantra, um die Nähe zu fühlen und den Geist für eine Begegnung mit dem Göttlichen empfänglich zu machen.

ओम हनुमते नमः ।

Om Hanumate Namaha

Verehrt sei Hanuman

Als Rama, Vishnus Inkarnation, in der Welt weilte, war Hanuman einer seiner Diener. Er hatte die Gestalt eines Affen und stand Rama stets mit allen Kräften zur Seite. Hanuman hatte übernatürliche Fähigkeiten, er konnte fliegen und sich unsichtbar machen. Ernsthafte Hanuman-Verehrer erlangen ebenfalls übernatürliche Fähigkeiten (Siddhi). Hanuman ist es zu verdanken, dass Affen in Indien großer Respekt gezollt wird. Hanuman war außerordentlich geschickt, er hatte große Kraft und Mut. Vor allem aber war er demütig und treu, hatte also die Haltung, mit der man Gott gegenübertreten soll. Wenn der Wunsch nach göttlicher Hingabe geweckt werden soll, erinnere ich mich an das Vorbild Hanumans und singe dieses Mantra zum Gruß.

Heilige Personen gaben Hilfesuchenden häufig eine Frucht, die sie zuvor mit einem Mantra gesegnet hatten, als wunscherfüllendes Medium mit auf den Weg. Oft gingen diese Wünsche auch in Erfüllung.

Mantras für den Frieden

Frieden im politischen und sozialen Bereich wie auch im spirituellen Sinne ist eine der höchsten Errungenschaften des Menschen. Dem Frieden

In Tibet weihen die Mönche mit Mantra-Gesängen zunächst den Platz, an dem ein Mandala entstehen soll. Das fertige Mandala wird zerstört; die Mönche übergeben den Sand einem fließenden Gewässer, um die heilende Energie in die Welt hinauszuschicken.

wird im indischen Geistesleben große Bedeutung beigemessen. Es gilt als wichtiges Ziel, in sich Frieden zu erreichen oder zu finden. Im Frieden können wir unmittelbar an Gott teilhaben. Eine wichtige Tugend, die zu Frieden führt, ist Toleranz – eine Haltung, die tagtäglich vielen Menschen große Probleme bereitet und deren Gegenteil viel Leid auf der Welt verursacht. Auch in geistigen und spirituellen Dingen ist Toleranz sehr wichtig, aber gerade da scheint sie dem Menschen am schwersten zu fallen. Können wir andere Kleidung oder Hautfarben gerade noch akzeptieren, fällt dies beim Andersdenken und Andersglauben schon schwerer. Dort, wo die stärksten Überzeugungen herrschen, ist die Toleranz am wenigsten vertreten. Toleranz und Gewaltlosigkeit wachsen und entwickeln sich gemeinsam mit dem geistigen Fortschritt.
Inneren Frieden mithilfe eines Mantras zu erfahren, ist seit Menschengedenken das ureigenste Bestreben der Mantra-Anwendung. Wer seine Fähigkeiten bezüglich Frieden, Toleranz und Gewaltlosigkeit weiterentwickeln möchte, kann dies mit Friedens-Mantras versuchen und üben.

Om Asato ma sat gamaya
Tamaso ma jyotir gamaya
Mrityor maaritam gamaya
Om Shanti, Shanti, Shantihi.
Om, führe mich von der Illusion zur Wahrheit
Von Dunkelheit zum Licht
Vom sterblichen Dasein zum Unsterblichen
Om Frieden, Frieden, Frieden

ओम असतोमा सत गमया ।
तमसोमा ज्योतिर गमया ।
मृत्योरमामृतम गमया ।
ओम शान्ती शान्ती शान्तिही ॥

Mantras als Gebete

Gayatri Mantra

Om Bhur Bhuvah Swaha, Tat Savitur Varenyam
Bhargo Devasya Dhimahi, Dhiyo Yo Nah Prachodayat
Lasst uns über das Licht Gottes meditieren,
der alle Welten erschaffen hat, der verehrungswürdig ist,
möge er unseren Geist zur höheren Erkenntnis führen.

ओम भूर्भुवः स्वः ।
तत् सवितुर्वरेण्यं ।
भार्गो देवस्य धीमहि ।
धियो यो नः प्रचोदायात ॥

Dieses wichtige und bekannte Mantra aus der *Rig-Veda* wird Gayatri genannt. Gayatri ist ein anderer Name der Göttin der Weisheit. Gayatri heißt auch das Versmaß dieses Mantras. Es wird als Gebetshymne zur

Erlangung der reinen höheren Intelligenz gebraucht. Es war in der vedischen Zeit Tradition, zu diesem Mantra bei Sonnenaufgang und Sonnenuntergang zu meditieren. Das Mantra richtet sich an den Schöpfergott, der oft als Sonne verehrt wird. Die Sonne ist die Quelle des Lichts und der Wärme und somit für das Leben auf der Erde unverzichtbar. Viele heilige Schriften Indiens preisen die mystische Bedeutung und läuternde Kraft dieses Mantras.

In Chandukya Upanishad III 12.1-6 heißt es: »Gayatri ist all das existierende Sein. Die Sprache ist Gayatri, denn es ist die Sprache die singt, die alle Furcht überwindet.«

Das Mantra soll die Vernunft zu höherer Erkenntnis führen. Es enthält die Bitte um Erleuchtung. Mit diesem Mantra bemüht man sich darum, das innere Licht zu erkennen. Es geht davon aus, dass, wenn die Gedanken zur Ruhe kommen und das Bewusstsein ungestört und rein ist, ein Licht erscheint, das Licht Gottes oder Licht der Seele genannt wird. Dieses Mantra vergegenwärtigt uns auch, dass wir unsere Wahrnehmung verfeinern müssen, um von der physischen, zu einer feinstofflichen (astralen) oder geistigen (himmlischen) Welt aufzusteigen. Wenn wir uns während der Mantra-Meditation darauf konzentrieren, kann es uns zum gegebenen Zeitpunkt zu höherer Erkenntnis führen.

हरी ओम

Hari Om

Die Heilige Silbe »Om« steht für Gott (Hari). Als ich Hari Om zu singen versuchte, gelang es mir lange nicht. Eines Tages, als ich es erneut singen wollte, kam mir die Vorstellung, dass Gott in sich ruht und Hari Om wie sein Atemzug ist. Ich wollte Gott das Hari Om als Gebet singen, aber der Gesang sollte ihn nicht aufwecken. Erst mit dieser Vorstellung gelang es mir, das Hari Om zu singen. Aus diesem Mantra geht tatsächlich eine besondere Ruhe hervor. Es eignet sich gut für Anfänger und nimmt uns auch beim Anhören mit auf eine geistige Reise.

Ein Mantra für die Sonne

ओम सुर्याय नमः ।

Om Suryaya Namaha

Om, Ehre sei dem Vertreiber der Dunkelheit

Dieses Mantra wird häufig zur Begrüßung der Sonne in freier Natur verwendet, indem man gleichzeitig mit beiden Händen Wasser aus einem Fluss schöpft und es, zur Sonne gerichtet, wieder fließen lässt. Die Sonne sorgt für Licht und Wärme. Dank dem Licht der Sonne ist Leben auf der Erde möglich. Sonnen-Gebets-Mantras helfen, die Heilkraft der Sonne zu sich zu ziehen.

Mahavakya – Mantras als Weisheitssätze zur Selbstbesinnung

Aham Brahmasmi: *Ich bin Brahma* — अहां ब्रह्मास्मि ।
Tatt twam Asi: *Das bist du* — तत त्वम असि
Hari Om Tatsat: *Hari Om ist die Wahrheit* — हरी ओम तत सत
Sohang: *Das bin ich* — सोहं

Die Leitsätze dieses Mantras sind Ausdruck tiefer Einsichten, die bei ergreifenden Erlebnissen gemacht wurden. Sie stellen die spirituelle Dimension des Lebens dar. Die Leitsätze werden von Menschen bevorzugt, die eine abstrakte Vorstellung von Gott haben und die Seele des Menschen und Gott als eine Einheit sehen. Falsch verstanden und mit einer egoistischen Haltung angewendet, würde der wirkliche Sinn der Mantras nicht realisiert.

Beispiele aus anderen Traditionen

Es gibt in verschiedenen Sprachen und religiösen Kulturen Mantras und mantra-ähnliche Worte oder Sätze, die als Andachts- und Kontemplationsübungen dienen.
»Om mani padme Hum« (Verbeugung vor dem Juwel des Bewusstseins, der auf dem Lotus des Herzens sitzt) ist ein berühmtes Mantra aus der tibetischen Tradition. Das Jesusgebet, auch als Herzensgebet bekannt, ist weit verbreitet und wird seit Jahrhunderten praktiziert. Es lautet »Herr Jesus Christus erbarme dich meiner.« Dieser Satz wird als »unaufhörliches Gebet« wiederholt. Ein Mönch hat seine Erlebnisse mit diesem Gebet in *Die aufrichtigen Erzählungen eines Pilgers* niedergeschrieben. Seit Erscheinen des Buches in Russland gegen Ende des 19. Jahrhunderts wurde es in viele Sprachen übersetzt. Das »Ave Maria« und das »Kyrie Eleison« sind weitere mantra-ähnliche Beispiele. Aus der jüdischen Tradition sind Worte wie »Eli Eli« (mein Gott, mein Gott), »Barukh Ata Adonai« (Gesegnet ist Gott), »Ain Sof Ur« (Unendliches Licht des Absoluten) und »Yahweh Elohim« (Göttlicher Herr des Lichts und des Lernens) bekannt. Aus der islamischen und Sufi-Tradition kennen wir beispielsweise »Allahu Akbar« (Gott ist groß) und »Ya-Salaam« (Gott, Quelle des Friedens).

Für den tibetischen Buddhismus ist »Om mani padme Hum« Ausdruck der grundlegenden Haltung des Mitgefühls. Damit wird der Wunsch formuliert, dass alle Lebewesen sich schließlich aus dem Kreislauf der Wiedergeburt befreien mögen.

Die Chakras und ihre Keimsilben

Nach der indischen Yoga-Lehre gibt es in unserem Körper sieben Energiezentren oder Chakras, die entlang der Wirbelsäule verlaufen. Jedem Chakra sind ein Element und die Klangschwingung einer Keimsilbe zugeordnet, durch die sich das jeweilige Chakra entfaltet. Die spezifischen Bestrebungen des Menschen leiten sich aus den Impulsen des vorherrschenden Chakras ab. Die Chakras haben auch eine Entsprechung im vegetativen Nervensystem, dessen Zellen und Geflechte ebenfalls entlang der Wirbelsäule angeordnet sind. Meditiert man mit der entsprechenden Keimsilbe oder intoniert sie, so wird die Energie des zugehörigen Chakras geweckt. Diese Kraft ist in der Keimsilbe enthalten wie das Feuer im Streichholz. Die Reibung des Streichholzes auf der Zündfläche entfacht das Feuer.

Die Kundalini-Energie wird bildlich oft als Schlange dargestellt, die mehrfach um sich selbst gerollt mit nach unten gerichtetem Kopf im ersten Chakra schläft.

Das erste Chakra (Muladhara) ist das Fundament. Es liegt zwischen Anus und Sexualorgan auf der Ebene der letzten Sakralwirbel. Die vitale Lebensenergie – Kundalini – schläft hier. »Lang« ist sein Bija-Mantra, das Gaumen, Gehirn und Schädel zum Vibrieren bringt. Richtig intoniert verhilft es der spirituellen Kraft, sich aufwärts zu bewegen. Diesem Chakra ist das Fundament für die physische Stabilität, das Element Erde, zugeordnet. Das kleine Kind ist bestrebt, Stabilität auf der Erde zu erlangen. Dazu gehört es, laufen zu lernen. Von hier aus entwickeln sich erst der Körper, dann auch Psyche und Spiritualität weiter.

Das zweite Chakra (Swathisthana) liegt hinter den Genitalorganen und entspricht anatomisch dem Sexualnervengeflecht. Sein Funktionsorgan ist das Genital. Diesem Chakra ist das Element Wasser zugeordnet. »Vang« ist seine Keimsilbe, ihr Laut soll Blockaden in dieser Region lösen.

Das dritte Chakra (Manipura) entspricht dem Solarplexus, dem Sonnengeflecht, das sich etwa auf Höhe des Nabels befindet. Seine Keimsilbe ist »Rang«, sein Element das Feuer. Die Intonation von »Rang« soll das dritte Chakra harmonisieren und Verdauungsstörungen beheben. Der Solarplexus versorgt die Verdauungsorgane.

Das vierte Chakra (Annahata) ist das Herz-Chakra. Seine Keimsilbe ist »Yang«, sein Element ist die Luft. Die Luft wird durch die Kraft des Herz-Chakras aufgenommen. Störungen der Herzfunktionen sollen durch die Schwingungen dieses Lautes positiv beeinflusst werden.

Das fünfte Chakra (Vishudha) entspricht dem Nervengewebe des Carotis Plexus, das sich im Halsbereich befindet. Die dazu gehörige Keimsilbe ist »Hung«, sein Element ist Akasha. Die Stimme eines Menschen, dessen fünftes Chakra entsprechend geöffnet ist, dringt in die Herzen anderer Menschen und hat Einfluss auf ihre Gedanken. Durch die Öffnung bzw. das Wachstum dieses Chakras öffnet sich das Tor zu höheren Stufen des Bewusstseins.

Das sechste Chakra (Agya) liegt zwischen den Augenbrauen an der Nasenwurzel. Seine Keimsilbe ist »Om«. Hier münden die Energieströmungen, die in Sanskrit Nadi genannt werden: Sie setzen sich aus Ida (lunare Strömung), Pingala (solare Strömung) und Sushumna (zentrale neurale Strömung) zusammen.

Das siebte Chakra (Sahastra) wird auch als Shunya-Chakra bezeichnet und entspricht dem Nervengeflecht des Cerebralplexus. Dieses Chakra befindet sich an der obersten Stelle des Schädels und liegt jenseits der Elemente. Wenn Körper, Seele und Geist im Gleichgewicht sind, wird Glückseligkeit erreicht. Hier wird »Om« als der ursprüngliche Klang erlebt, den die großen Seher wahrnahmen und als unendlich beschrieben. Die Schwingungen von »Om« manifestieren sich als Glückseligkeit. Hier besteht die Einheit mit dem kosmischen Bewusstsein, die auch als Erleuchtung bezeichnet wird.

Hin und wieder gibt es unterschiedliche Schreibweisen der Keimsilben. So wird die als Chandra-Bindu bekannte nasale Endung einmal als »ng« und an anderer Stelle als »m« wiedergegeben. Dieser Unterschied liegt in der Intonation: ob die Silbe mit offenem oder geschlossenem Mund beendet wird. Auch findet man gelegentlich unterschiedliche Schreibweisen bezüglich »a« und »u«. Dies liegt wahrscheinlich an der Übersetzung über das Englische ins Deutsche, bei der die Silbe »lang« manchmal als »lung« wiedergegeben wird.

Neu empfangene Mantras

Nicht nur die traditionell überlieferten Mantras sind für die Meditation und die wiederholende Japa-Anwendung geeignet. Es können sich auch intuitiv im Herzen eines heute lebenden Menschen neue Mantras formulieren, wenn eine entsprechende seelische Bereitschaft gegeben ist. Die Schöpfung und das Göttliche bestehen nach wie vor aus Klang. Die Mantra-Tradition ist somit nicht abgeschlossen, sie kann sich immerfort weiterentwickeln.

Ich selbst habe einige dieser kraftvollen, in Sinn und Lehre sehr verdichteten Worte und Sätze in Momenten tiefster Verbundenheit mit dem Göttlichen empfangen. Meist war das, wenn ich mich in der Natur aufhielt, auf Spaziergängen beispielsweise, oder aber im Traum. Die Melodien meiner Mantra-Gesänge sind ebenfalls intuitiv und aus dem Moment heraus entstanden, keine von ihnen ist überliefert.

Heilsymbole

Ein Heilsymbol der Antike, der Cadaceus, weist gewisse Parallelen zur Chakra-Lehre des indischen Tantra-Yoga auf. Die beiden Schlangen winden sich rechts und links um einen senkrechten Stab, wobei sie den Stab immer wieder überkreuzen. Wo die Schlangen sich mit dem Kopf treffen, wachsen ihnen seitlich Flügel. Der Asklepiosstab ist bis heute Heilsymbol der Ärzte und Apotheker geblieben, wobei nur eine Schlange sich um den Hermesstab windet.

Die Chakra-Lehre geht davon aus, dass der grobstoffliche physische Körper eine Entsprechung im feinstofflichen energetischen Körper hat. Die beiden Schlangen entsprechen den zwei Hauptenergieströmungen (Nadis) namens Ida und Pingala. Der senkrechte Stab ist die Wirbelsäule, Sushumna ist die zentrale Energieströmung, die durch den zentralen Kanal des Rückenmarks aufsteigt. Wo beide Energieströmungen und Sushumna sich überkreuzen, liegen die konzentrierten Energiestellen, die Chakras. Das Fließen der zentralen Energieströmung wird auch das Erwachen der Kundalini-Kraft genannt.

Ich bin der Meinung, dass es auch anatomisch betrachtet Parallelen zur Chakra-Lehre gibt: Auch das vegetative Nervensystem verläuft mit seinen Ganglien entlang der Wirbelsäule. Ganglien sind Nervenbahnen (sensorische und motorische), die senkrecht aufsteigend zum zentralen Nervensystem verlaufen. Sie bilden das vegetative Nervensystem in etwa auf den Ebenen, wo die Chakras liegen sollen. Auch wenn die Übereinstimmungen nur vage sind, so ist es doch bemerkenswert, wie weit voraus die Yogis vor vielen Jahren in mancher Hinsicht waren.

Die Schlange kommt als Symbol der geistigen Energie und Heilung in vielen Kulturen vor. Der griechische Gott der Heilkunst, Äskulap, stützt sich auf einen schlangenumringten Stab. Dieser sogenannte Äskulapstab gilt bis heute als Heilsymbol für Ärzte und Apotheker.

Wie ich zu neuen Mantras gekommen bin

In besonderen Momenten der Besinnung hatte ich Eingebungen, in denen einige Mantras mit ihrer Melodie zu mir kamen. Bei diesen Gesängen bildet das spirituelle Gefühl zusammen mit Poesie, Gesang und Heilung eine Synthese. Diese Mantras waren die Grundlage meiner Vorträge über Mantras und Heilung sowie für Konzert- und Meditationsabende, die ich seit einigen Jahren gebe. Immer wieder berichten mir Zuhörer, was sie

dabei erleben. Oft fühlen sie sich von Ähnlichem berührt wie ich selbst: vom Erlebnis der starken inneren Ruhe, dem Gefühl des Heimkehrens und einer tiefen Freude. Häufig ist auch bei Konzerten eine gemeinsame spirituelle Energie zu spüren. Dies motiviert mich und gibt mir die Kraft, derartige Abende zu wiederholen.
An dieser Stelle führe ich einige der neuen Mantras an, die ich im Laufe der Jahre empfangen habe. Alle hier wiederzugeben und zu erläutern, würde den Rahmen dieses Buches sprengen.

Namo Namo Vasudevaya
Shantaye Sarvatmaney
Pushpahasaya Namastuvyang
Dehi Darshanam Karunamayang
Om, verehrt sei Gott,
der in jedem Herzen wohnt,
und selbst Frieden ist, bzw. als innerer Frieden erlebt wird.
Dessen Lachen sich im Aufgehen der Blumen äußert.
Mögest du dich uns aus deiner Gnade einst offenbaren.

नमो नमो वासुदेवाय शान्ताय सर्वा
तमने ।
पुष्पहासाय नमस्तुभ्यं देहि दर्शनम्
करूणामयं ॥

Dieses Mantra bezieht sich auf Gott und die Schöpfung. Göttliche Harmonie äußert sich beispielsweise in der Schönheit einer Blume. Egal welche Blume wir anblicken – sie wird uns Freude und Schönheit übermitteln. Selbst das kleinste Kraut ist vollkommen. Der Wille, fortzubestehen, ist in der Natur allgegenwärtig. Durch meditative Identifizierung mit einer Blüte können wir in unserer Seele heilende Impulse setzen. Die tägliche Meditation mit diesem Mantra und seinem mystischen, Harmonie und Schönheit hervorhebenden Inhalt, erfüllt das Herz mit Freude und hat eine heilsame Wirkung.

Shisha Prashanam: *Freude im Gemüt*
Chit Anandam: *Wonne im Herzen*
Sukh Prad Vachanam: *Zum Glück führende Worte*
Smirti Maya Monam: *Das Schweigen in deiner Erinnerung*
Dehi Me Jagdeesham: *Gib mir, oh Schöpfer des Weltalls*
Dehi Me Jagdeesham: *Gib mir, oh Schöpfer des Weltalls*

शीस प्रसन्नम चितआनन्दम ।
सुखप्रद वचनम स्मृतिमय मौनम ॥
देहि मे जगदीशम देहि मे जगदीशम ।

Dieses Mantra trägt zum Gewahrwerden der menschlichen Ziele bei und beseitigt Sorgen und gedanklichen Verstrickungen. Das Mantra entsteht aus Herzensfreude, es schenkt innere Freude durch heilende Worte. Mit dem Schweigen in der Erinnerung Gottes, das hier gemeint ist, wird uns Glückseligkeit zuteil.

Mohani Heitel singt in Konzerten, um Menschen direkt an den Erfahrungen mit Mantra-Gesängen teilhaben zu lassen.

ज्योर्तिब्रह्मं विश्वात्मानं ।
पावनं परमनिधानं ॥

Jyotir Brahman: *Licht Gottes*
Vishvaatmanang: *Kosmische Seele*
Pavanang: *Heilig*
Param Nidhanang: *Heimat aller*

Das Göttliche kann als Licht wahrgenommen werden, was auch als das Öffnen des dritten Auges bezeichnet wird. Hingabe und Läuterung des Geistes in tiefer Meditation können zu dieser Wahrnehmung führen. Latent ist dieses Licht der tiefen Bewusstseinssphären als Lebensenergie und heilende Kraft in jedem Lebewesen vorhanden. Es ist auch das, was uns in subtiler Form Leben schenkt. Die innere Lichtwahrnehmung oder spirituelle Erleuchtung ist unsere höchste Bestimmung und Heimat der Seele. Mit diesem Mantra wird auf dieses Licht meditiert, von dem eine große Heilungsenergie ausgeht.

पशुपति शंकरं शंका शोकभयहरणं ।
सर्वभूतेश्वरं मंगल रूपं ॥
नमामि सदा शिव नमामि सदा शिव ।

Pashupati Shankarang
Shanka Shoka Bhaya Haranang
Sarva Buhteshvarang
Mangala Rupang
Namami Sadashiva, Namami Sadashiva

Herr aller Lebewesen, in dir nehmen alle Zuflucht.
Du vertreibst Verzweifelung, Klagen und Angst aus dem Herzen.
Du bist die göttliche Kraft in allen, deine Erscheinung ist Glück verheißend.
Ich beuge mich vor dir, der immerwährenden kosmischen Kraft.

Dieses Mantra kann man sich vergegenwärtigen, wenn Ängste, Sorgen und Verzweifelung das Herz belasten. Es erinnert uns daran, dass Gott Schöpfer und Beschützer aller Lebewesen ist. Der Mensch kann an diesem Schutz Gottes teilhaben, indem er Mitgefühl entwickelt und den Schutz, den er selbst erfährt, auf seine Mitgeschöpfe erweitert und überträgt. Tiere erfahren heutzutage durch Massentierhaltung teilweise ungeheueres Leid. Es ist wichtig, dass sich der Mensch der Schöpfung Gottes bewusst wird und wieder Mitgefühl für die Tiere entwickelt.

Sada Varenyam Mahatang Shristikarenam
Sukshmam Chidakashe Prakashang
Om Namo Bhavam

Immer verehrungswürdig, unergründlich, Basis der Schöpfung
subtil, Licht des Bewusstseins, Om, verehrt seist du als das höchste Sein

सदावरेण्यम महतं सृष्टिकारणं ।
सूक्ष्मं चिदाकाश प्रकाशं ॥
ओम नमो भवम ।

In der mit diesem Mantra verbundenen Meditation geht es um das Licht des Bewusstseins. Es wird als sehr subtil, aber auch als unendlich und unergründlich beschrieben. Es ist das höchste oder reinste Sein und zugleich die Grundlage der ganzen Schöpfung.

Ein meditierender Mensch ist wie ein Wissenschaftler – nur dass er nicht versucht, dem Geheimnis der Natur auf den Grund zu gehen, sondern dem Geheimnis seiner Seele und seines Geistes. Dazu benötigt er eine immer sensiblere und feinere Wahrnehmung, um zu erkennen, was sich an der Basis seines Innenlebens abspielt. Er geht dabei von der inneren Körperwahrnehmung aus und weiter zur Wahrnehmung der Gedanken und der Gefühle. In einer feineren Stufe dringt er in seine eigenen subtileren Bewusstseinssphären vor, wo sich das göttliche Licht in der Seele offenbart. Es ist dieses Geheimnis unserer Seele, das mit diesem Mantra verehrt wird und uns beständig zu diesem Ziel hinführen soll.

Nach der Lehre Buddhas kann und sollte jeder Mensch irgendwann einmal die spirituelle Erleuchtung erlangen, um von Leiden befreit zu werden.

Aus der tiefen Quelle der Seele
entspringt der Fluss des mystischen Gesangs.
Lausche ihm, erfreue dich an seiner Melodie
und lass dich von ihm
in die Dimensionen der geistigen Welt tragen.

Dr. Mohani Heitel
Smirtiverlag
Mühlgasse 22
60486 Frankfurt am Main
Tel.: 069/24 70 46 96; Fax: 069/77 64 73; www.smirti.de

CD-Veröffentlichungen der Autorin

The Mantra Calls You, Song of Devotion (Gesang der Hingabe), 1996
The Mantra Calls You, Song of Memory (Gesang der Erinnerung), 1996
The Mantra Calls You, Song of Prayer (Gesang des Gebets), 1996
The Mantra Calls You, Song of Peace (Gesang des Friedens), 1996
Gayatri, Vibrations of Vedic Mantras, 1998
Mantra Mohini, Flowers of Adoration (Blumen der Verehrung), 1998
Mantra Mudra, Grace and Gratitude (Gnade und Dankbarkeit), 2001
Bhagavat Gita, ausgewählte Verse, in Sanskrit gesungen und ins Deutsche übersetzt und gesprochen, 2000
Sri Vishnu Sahasranama (Die Tausend Namen Vishnus), 2007

Literaturhinweise

Die Bhagavat Gita, Übersetzung von Siegfried Leonhard (Originalausgabe: *The Bhagavatgita,* George Allen & Unwin Ltd., London), R.-Löwit-Verlag, Wiesbaden

Nada Bindu Upanishad aus dem Rig Veda, übersetzt von K. Narayanaswami Aijer in Celextel's Online Spiritual Library (www.celextel.org)

Berendt, Joachim-Ernst: *Das dritte Ohr. Vom Hören der Welt.* Reinbek bei Hamburg, Rowohlt Taschenbuch Verlag 1988

Blofeld, John: *Mantra: Die Macht des heiligen Lautes.* München, Otto Wilhelm Barth Verlag 1988

Easwaran, Eknath: *Mantram. Hilfe durch die Kraft des Wortes.* Freiburg im Breisgau, Bauer 1995

Garfield, Laeh Maggie: *Der heilende Klang. Das wunderbare Netz von Stimme, Ton und Gesang.* München, Goldmann 1989

Jung, C. G.: *Der Mensch und seine Symbole.* Walter-Verlag, 1991

Impressum

einem Unternehmen der Verlagsgruppe Random House GmbH, 81673 München

Redaktion:
Dr. Ulrike Kretschmer, München
Redaktionsleitung :
Karin Stuhldreier
DTP/Satz und Gesamtproducing:
Dr. Alex Klubertanz, München
Bildredaktion:
Dietlinde Orendi
Korrektorat:
Susanne Langer, Traunstein
Umschlag:
R. M. E. Eschlbeck/ Kreuzer/Botzenhardt

Druck und Bindung:
Alcione, Trento

Printed in Italy

ISBN 978-3-517-08357-5
817 2635 4453 6271

Hinweis für unsere Leser

Die Informationen in diesem Buch sind von Autorin und Verlag sorgfältig erwogen und geprüft, dennoch kann eine Garantie nicht übernommen werden. Eine Haftung der Autorin bzw. des Verlags und seiner Beauftragten für Personen-, Sach- und Vermögensschäden ist ausgeschlossen.

Bildnachweis

Alamy, London: 2, 43 (Dave Thompson), 3 o., 60 (David Noton photography), 5, 14 (ArkReligion.com), 8 (Maciej Wojtkowiak), 51 (Jean-Christophe Godet), 54 (Forrest Smyth), 84 (D. Hurst); Bilderberg, Hamburg: 74 (Christophe Boisvieux); Getty Images, München: U1 (Olaf Bathke); Helmut Heitel, Frankfurt: 3 u., 24, 40, 92,
Laif, Köln: 57 (Hemis.fr); Mauritius Images, Mittenwald: 12 (CuboImages), 38 (Peter Widmann); Picture Alliance, Frankfurt: 23 (Rainer Binder/Helga Lade); Premium, Düsseldorf: 32 (Chroma Zone), 48 (GGF); Südwest Verlag München: 17 (Marcel Weber), 81 (Christian Kargl)